Josip Lončar

I 7 doni dello Spirito Santo

Per i cresimandi

Figulus MEDIA

www.figulus-media.com

Josip Lončar: I doni dello Spirito Santo

Editore: Figulus Media d.o.o., Koprivnica

figulus@me.com

Traduzione: Nicoletta Giostrella

Revisione: Vinka Knezović

Progettazione grafica: Mihael Lončar

Josip Lončar

I 7 doni dello Spirito Santo

Per i cresimandi

2024.

CONTENUTO:

Introduzione 9

Com'è cominciato tutto? 10

Primo problema 13

I sette doni dello Spirito Santo 17

Intelletto 23

L'esempio di Pietro 24

Lazzaro e il ricco epulone 29

L'esempio di Paolo 31

La visione 31

Esempi attuali 32

Conversione 33

Talenti 34

L'uccellino malato 36

Google 38

Desideri impuri 39

Predicazioni 40

Scienza **45**

L'esempio di Daniele 46

L'esempio di Pietro 48

L'esempio di Elia 50

Esempi attuali 52

Collaborazione futura 52

Il figlio salvato dalla morte 53

Piedi piatti 55

La morte della zia 56

La gamba cresciuta 59

Sa tutto di tutti 60

Il pilota, l'autista e il soldato 60

Come attivare il dono della conoscenza? 62

Sapienza **67**

L'esempio di Salomone 68

Esempi attuali 71

L'immagine di san Giuseppe 71

Uno ad uno 73

Con sapienza nella Chiesa 76

Come attivare il dono della sapienza 78

Fortezza **81**

   L'esempio di Filippo.. 86

   San Francesco Saverio.. 88

   Esempi attuali 90

      Eroi umani 90

      Il cilindro di luce 92

      La forza nel giorno di san Valentino 95

Il dono della devozione **99**

   L'esempio di Giosuè 102

   Esempi attuali 105

      Lista di preghiere 106

      I gruppi di preghiera tra amici 110

      Gli specialisti della preghiera 111

      Amore 112

Il dono del timore di Dio **115**

   Uomo dei dolori... 116

   Qual è il senso della vita terrena?.......................... 123

   Giobbe.. 126

   Maria 129

   Timore e occhi.. 134

Il dono del consiglio 141

Se cercate o date consiglio 144

1. Conoscere Gesù 149

2. Essere discepoli per tutta la vita..................... 150

3. Indirizzare il proprio sguardo sull'eternità 151

4. Trascorrere del tempo alla presenza di Dio..... 151

5. Pellegrinaggi..................................... 152

6. Ascoltare l'angelo giusto 153

7. Pregare fuori dal tempo e dallo spazio........... 154

8. Cambiare la propria vita in meglio 155

9. Entrare in qualche gruppo........................... 155

10. Partecipare regolarmente alla
santa Messa e alla confessione.......................... 156

11. Prestare attenzione ai sogni 158

12. Perché non ci provate anche voi? 160

INTRODUZIONE

La vita è un dono incredibile, soprattutto se abbiamo a disposizione i doni dello Spirito Santo.

So che c'è l'alta probabilità che non conosciate nessuno che sia stato realmente cambiato e reso felice dai doni dello Spirito Santo, ricevuti con la cresima. Eppure, io conosco molte persone che hanno deciso, chi prima e chi dopo, di "spacchettare" e utilizzare i sette doni ricevuti scoprendo in tal modo una nuova dimensione della loro vita, incredibilmente sorprendente.

Desidero essere chiaro sin dall'inizio nel dire che tutti e sette i doni sono doni sovrannaturali e che tali capacità non possono assolutamente appartenere a chi non ha ricevuto tali doni. Tramite i doni che accettiamo alla cresima lo Spirito Santo ci può dare un'illuminazione che nessuno può ricevere senza il Suo intervento. Ci può dare saggezza e conoscenza tali che senza lo Spirito Santo non sarebbero conseguibili, come pure fortezza e consigli che da nessuno, a parte Lui, potremmo ricevere, e quel santo timore che altrimenti non potremmo avere. La fede, la speranza e l'amore che possiamo ricevere dallo Spirito Santo sono tali che nessun uomo li potrebbe ottenere altrimenti.

Con questo libro desidero far conoscere ai lettori i doni dello Spirito Santo e interessarli ad essi.

Com'è cominciato tutto?

Tutto è cominciato nel giorno della Pentecoste. Sino ad allora non era mai accaduto nella storia del mondo nulla di simile (v. At 2,1-12). Lo Spirito Santo con la Sua forza scese su coloro che Lo avevano atteso per nove giorni. La forza fu tale che quasi tutta la città accorse per vedere cosa stesse succedendo. In quel tempo a Gerusalemme c'erano molte persone provenienti da tutta la Palestina per celebrare le festività, ma ve ne erano anche tante da altri paesi, che videro e sentirono come gli apostoli di Gesù rendessero grazie a Dio nelle loro lingue madri. Quando qualcuno parla con il dono delle lingue, che è altresì contenuto nei sette doni, persone di varie nazionalità possono comprenderlo istantaneamente e perfettamente nella loro lingua madre, anche se tale persona non parla nessuna delle loro lingue. Immaginate di parlare con il dono delle lingue e che contemporaneamente un russo, un tedesco e un ungherese vi sentano parlare nella loro lingua madre. Sembra incredibile, ma oggigiorno nella Chiesa milioni di persone hanno tale dono. L'apostolo Paolo afferma che tutti dovremmo averlo poiché è un dono con il quale innanzitutto costruiamo noi stessi. Io sono molto grato a Dio per tale dono e spesso lo uso nella vita.

Ma torniamo alla Pentecoste. Questo miracolo di poter comprendere le lingue stupì tutte le persone che ascoltavano gli apostoli di Gesù, ma ancora di più li stupirono le parole che ascoltarono. Infatti, mai prima di allora avevano sentito qualcuno glorificare e ringraziare Dio con tale magnificenza. Anche io in più occasioni ho visto gente stupita dal dono delle lingue.

Avvenne a Gerusalemme, e a coloro ai quali lo Spirito Santo non aprì le orecchie affinché comprendessero ciò che gli apostoli "blateravano", ossia che parlavano in altre lingue, sembrò proprio che gli apostoli "blaterassero" perché ubriachi. Perciò, tale lingua dello Spirito è comprensibile solo a coloro ai quali lo Spirito Santo desidera concedere la comprensione. Ho visto più volte che solo alcune persone, o solo una, comprendevano perfettamente, mentre gli altri sentivano solo un incomprensibile "blatericcio".

Pietro, il primo papa, pieno di Spirito Santo, si assunse la responsabilità di spiegare ai numerosi testimoni l'evento. Diamo uno sguardo alla parte iniziale del sermone di Pietro, il resto potete leggerlo nella Bibbia.

*Allora Pietro con gli Undici si alzò in piedi e a voce alta parlò a loro così: "Uomini di Giudea, e voi tutti abitanti di Gerusalemme! Vi **sia noto questo e fate attenzione** alle mie parole! Questi uomini **non sono ubriachi**, come voi supponete: sono infatti le nove del mattino; accade invece quello che fu detto per mezzo del profeta Gioele: Avverrà negli ultimi giorni – dice Dio – **su tutti effonderò il mio Spirito: i vostri figli e le vostre figlie profeteranno, i vostri giovani avranno visioni e i vostri anziani faranno sogni.***

*E anche **sui miei servi e sulle mie serve***
in quei giorni effonderò il mio Spirito
*ed essi **profeteranno**." (At 2,14-18)*

Questa fu davvero una buona novella, o come direbbero i giovani di oggi: una notizia top! Pietro, dunque, dice chiaramente che dal giorno della Pentecoste ogni credente può accogliere la pienezza dello Spirito Santo e sentire ciò che Dio desidera dirgli personalmente. Sino ad allora questo privilegio era riservato ad un ristretto numero di persone che venivano colmate di Spirito Santo secondo la chiamata particolare di Dio (cfr. 1 Pt 1,10-12).

Primo problema

Tuttavia, qui sorge subito il primo problema. Infatti, Dio attraverso l'apostolo Pietro, nel giorno della Pentecoste, ci annuncia i tre modi straordinari tramite i quali si attua la Sua comunicazione con i credenti: attraverso sogni, visioni e profezie (doni). Spetta a ciascuno di noi decidere se desideriamo accogliere o rifiutare i sogni, le visioni e i doni.

Chissà quante persone avrebbero avuto salva la vita e avrebbero potuto scongiurare tante disgrazie e problemi superflui se solo avessero prestato fede ai sogni, alle visioni e alle profezie tramite le quali Dio cercava di metterli in guardia di fronte alle minacce più disparate. Chissà quante persone avrebbero provato la gioia, la pace e la soddisfazione se avessero ascoltato Dio quando, attraverso sogni, visioni o profezie, cercava di guidarli, consigliarli, sollevarli e confortarli, quanti giovani sarebbero rimasti nella Chiesa dopo aver ricevuto il sacramento della confermazione se avessero ricevuto un insegnamento efficace in merito ai mezzi di rivelazione divina.

La storia biblica, come pure la storia della Chiesa, è inimmaginabile senza le manifestazioni dello Spirito Santo attraverso sogni, visioni e doni. Tutta la Bibbia, come pure le biografie dei santi, è piena di sogni, visioni e doni dello Spirito Santo, eppure tanti teologi contemporanei non vogliono sentire nulla in merito.

Una ventina di anni fa tenni un seminario su questo tema presso una grande parrocchia greco-cattolica in Ucraina. Dopo la prima esortazione mi si accostò il vescovo, che ignoravo fosse presente, e mi disse che mentre io cominciavo a parlare lui stava confessando tranquillamente e nel mentre ascoltava le mie parole. Quando comprese che avrei parlato di sogni, visioni e profezie si irritò a tal punto che smise di confessare. Non fui buttato immediatamente fuori dalla chiesa unicamente perché ero straniero. Per puro decoro continuò ad ascoltarmi e quando terminai riconobbe che gli era sembrato così utile e interessante che aveva deciso volentieri di ascoltare anche il resto delle esortazioni su tale tematica. Che lo vogliamo riconoscere o no, la maggioranza di noi fa dei sogni, talvolta sono inquietanti o molto riposanti, ma comunque tutti sappiamo che non sono casuali o privi di significato.

Sono veramente pochi quelli che guardano le visioni e accettano le profezie, ma se non altro io credo che ogni lettore troverà la lettura di questo libro interessante proprio per i sogni.

I SETTE DONI DELLO SPIRITO SANTO

Con il crisma o la confermazione riceviamo i sette doni, o le sette differenti manifestazioni dello Spirito Santo:

1. Sapienza
2. Intelletto
3. Consiglio
4. Fortezza
5. Scienza
6. Pietà
7. Timore di Dio.

Ognuno dei sette doni si può manifestare in più modalità differenti. Per cui, ad esempio, il dono della fortezza si può manifestare anche tramite i doni della guarigione, i doni dei miracoli e il dono dell'autorità sui demoni; il dono della pietà tramite il dono delle lingue e il dono della fede eccezionale; il dono della scienza attraverso il dono della conoscenza, il discernimento degli spiriti e l'interpretazione di sogni e visioni; il dono della sapienza attraverso il dono di governare...

Ogni dono dello Spirito Santo è come un veicolo o una macchina molto costosa. Per cui, dal momento della cresima nel nostro "garage spirituale" vengono parcheggiati sette nuovi veicoli, come automobili, camion, autobus, furgoni, navi, elicotteri, escavatori o qualsiasi altro mezzo utile a noi e ad altri. Alla cresima riceviamo tutti questi doni, ma essi rimangono sigillati in noi fino al momento in cui decidiamo veramente con tutto il cuore di farne uso. Ecco che allora Dio rimuove il sigillo da essi e noi possiamo cominciare ad utilizzarli. Credo che possiamo essere concordi nel dire che lo Spirito Santo ci conosce perfettamente e che non comincerà a collaborare con chi non lo desidera veramente, non apprezza i Suoi doni, non è sinceramente grato per essi e non ne ha nostalgia. Questi doni sono per noi completamente gratuiti, ma non possiamo ignorare che sono stati comunque pagati. Li ha "pagati" Gesù con il Suo sangue.

Con i veicoli abbiamo pure ricevuto una quantità di carburante illimitata. Il carburante è la parola di Dio inscritta nella Sacra Scrittura (la Bibbia). L'autore della parola di Dio è lo Spirito Santo, colui che ci offre i doni/veicoli/macchine. Con la riflessione (meditazione) sui testi biblici versiamo carburante nei nostri veicoli/macchine. Purtroppo, nemmeno il veicolo o la macchina più perfetta possono muoversi senza carburante. E possiamo usarne soltanto quanto ne abbiamo versato. Per quanto possa sembrare strano, di fatto molti non hanno mai fatto muovere nemmeno uno dei veicoli o delle macchine ricevuti in dono perché non sapevano che i serbatoi andavano riempiti con il carburante.

Se non meditiamo sulla parola di Dio, non sperimenteremo nemmeno lontanamente l'azione miracolosa di Dio che potremmo provare gestendo la flotta di veicoli che ci ha donato con la cresima. Molte volte è sufficiente che con la meditazione iscriviamo nel cuore una sola frase della Sacra Scrittura per far avviare un certo dono.

Ognuno può meditare. Se sappiamo ponderare le sfide del mondo, allora sappiamo anche riflettere sulla parola di Dio. Quando riflettendo includiamo lo Spirito Santo, la riflessione diventa meditazione.

Oltre a dover imparare come versare il carburante, ossia meditare, dobbiamo anche imparare a gestire i doni/veicoli e ciò lo facciamo con varie preghiere: la preghiera interiore, di intercessione e di supplica; la preghiera di celebrazione, adorazione, venerazione e ringraziamento…

A prima vista servirsi dei doni dello Spirito può sembrare impegnativo, ma anche la vita spesso sa essere molto ardua e noi siamo proprio chiamati a servirci dei doni dello Spirito per aiutare coloro che si trovano in situazioni difficili. Ma allora perché non aiutare anche noi stessi?

Se qualcuno che è infiammato dallo Spirito cattura il nostro interesse, vediamo molto rapidamente che servirsi dei doni è incredibilmente interessante, utile e degno di ogni sforzo. E dato che lo Spirito Santo si dona a tutti, chiunque lo desideri può imparare a servirsi dei Suoi doni.

Volendo fare un paragone potremmo dire che servirsi dei doni è come suonare uno strumento musicale. Per suonarlo, qualcuno ci deve far interessare, ci deve trasmettere l'amore verso tale strumento e insegnarci a suonarlo. Come, quanto, con chi e a chi suoneremo dipende da quanto ci appassioneremo e quanto impareremo con costanza.

Iniziamo a vedere nel dettaglio i sette doni partendo da quello dell'intelletto.

INTELLETTO

L'intelletto è il dono dello Spirito Santo grazie al quale riceviamo la comprensione spirituale della Sacra Scrittura, della dottrina della Chiesa, della liturgia e delle situazioni di vita che senza intervento dello Spirito Santo non sapremmo comprendere, accettare, adottare, vivere o modificare. Questa illuminazione o apertura della mente può accadere in qualsiasi momento, può essere il risultato di una meditazione più o meno lunga, ma può anche manifestarsi tramite sogni, visioni e profezie.

Il modo più semplice per spiegare le realtà spirituali è attraverso gli esempi, per cui li utilizzerò anche io. Della moltitudine di persone bibliche alle quali lo Spirito Santo ha aperto (illuminato) la mente, ho scelto l'esempio dei due apostoli maggiori.

L'esempio di Pietro

L'apostolo Pietro di mestiere faceva il pescatore. A quel tempo tutti i Giudei, compreso Pietro, attendevano l'arrivo del Messia (Cristo) sulla Terra. Quando finalmente si manifestò, Giovanni il Battista lo indicò chiaramente ai suoi discepoli (v. Gv 1,29-36). Tra i discepoli di Giovanni il Battista allora presenti si trovava anche Andrea, fratello di Pietro, che si recò da Pietro portando la lieta notizia dell'arrivo del Messia. Pietro si mostrò subito interessato e Andrea lo portò da Gesù affinché lo conoscesse (v. Gv 1,40-42).

Nella spiritualità, come pure in molte altre cose, quasi tutto comincia grazie a qualcuno di cui ci fidiamo che ci fa interessare a qualcun altro o a qualcosa. Grazie all'intervento di tale persona noi prendiamo familiarità con una certa cosa o persona. Ed è proprio questo l'obiettivo principale dell'autore del presente libro. Come già detto, desidero suscitare l'interesse dei lettori per lo Spirito Santo e per i Suoi doni, affinché possano conoscerli.

Mi ricordo che il mio forte interesse per Medjugorje è nato quando una donna mi ha raccontato di aver sperimentato il Dio vivente in quel luogo. Io l'ho ascoltata, sono andato là e ho provato la stessa esperienza. Dopo alcuni anni, ho girato un filmato su Medjugorje (*Perché Medjugorje?*), perché desideravo che sempre più persone provassero interesse, andassero là e vivessero la medesima esperienza. Il filmato è stato tradotto in varie lingue, molte persone lo hanno visto e sono profondamente convinto che è proprio grazie ad esso se alcuni si sono recati a Medjugorje e hanno provato lo stesso vissuto mio.

Mi ricordo di un sacerdote che ci raccontava come con il sacramento della cresima avesse ricevuto il dono delle lingue. La sua testimonianza suscitò in me un tale interesse da farmi cambiare completamente vita. Ho prestato fede a tale sacerdote esattamente come Pietro aveva fatto con Andrea. Pure io con l'aiuto della sua testimonianza ho ricevuto un dono utile per la mia formazione, e con il passare degli anni ho suscitato interesse in altri che, a loro volta, hanno accolto il dono e hanno fatto appassionare altre persone avviando una proficua reazione a catena. Chissà quale flusso possiamo avviare raccontando la nostra testimonianza nel momento e nel modo giusto a qualcuno che è assetato di Dio. Dopo oltre trent'anni, credo che il flusso che è stato avviato allora da una breve testimonianza sia ancora attivo, e che coloro che lo hanno accolto continuino, con successo, a far interessare coloro che li ascolteranno, accoglieranno e continueranno a diffondere il messaggio.

Potrei enumerare tante persone che, sia personalmente sia attraverso i libri che hanno scritto, mi hanno spinto a cercare, provare e accogliere qualcosa. Sembra che la vita di ogni uomo dipenda largamente da ciò e da chi suscita in lui interesse. Ritorniamo a Pietro.

Pietro si recò con Andrea a conoscere Gesù; Lo guardò, Lo ascoltò e Gli parlò. Ciò fu sufficiente per credere in Lui con l'intelletto, ma non era ancora abbastanza per spingerlo a seguirlo. Molti giovani ascoltano e apprendono gli insegnamenti di Gesù e ciò è loro sufficiente per credere in Lui a livello di intelletto, ma non è loro sufficiente per credere con il cuore e vivere attivamente la loro fede.

Poco dopo aver incontrato Gesù, Pietro andò a pesca con gli altri compagni ma non riuscirono a pescare nulla. Quel mattino, dopo una pesca infruttuosa, Gesù, mentre la folla Gli faceva ressa attorno, decise di salire sulla barca di Pietro e da lì parlare alla moltitudine che Lo ascoltava a riva. Dopo aver terminato il Suo discorso ordinò a Pietro, stanco e sonnolento, di allontanarsi leggermente dalla riva e gettare nuovamente le reti. Pietro, alla luce della sua lunga esperienza di pescatore, sapeva bene che non avevano alcuna possibilità di trovare qualcosa da pescare in quel luogo e in quel momento della giornata, pur tuttavia, su insistenza di Gesù, fece ciò che gli era stato richiesto. La pesca fu così abbondante che Pietro non ebbe più alcun dubbio circa l'opportunità o meno di seguire Gesù (v. Lc 5,1-10). Nella mia vita sono stato testimone di tante situazioni nelle quali Dio si è manifestato in un modo similmente miracoloso, soddisfacendo le esigenze più disparate dei singoli, ma anche di interi gruppi di persone. Chi sperimenta ciò, o almeno vi assiste, raramente desidera abbandonare una chiesa in cui "la pesca è abbondante"!

Pietro ha cominciato a seguire Gesù con il forte desiderio di diventare un uomo e un credente migliore. Durante i tre anni vissuti come discepolo di Gesù ha visto molti e differenti miracoli, ha ascoltato tante predicazioni di Gesù, l'ha visto trasfigurato sul Tabor mentre parlava con Mosè ed Elia, ha sentito la voce di Dio riferirsi a Gesù come figlio, ha vissuto le lodi e le critiche a Gesù, è stato testimone della resurrezione di Lazzaro dalla morte, ha avuto una sua personale esperienza di guarigione dei malati, di esorcismo degli spiriti maligni e di fatti miracolosi. Gesù lo ha scelto come primo Papa, ha accolto personalmente l'Eucaristia da Gesù... Eppure, tutto ciò non ha cambiato Pietro. Lui ha cambiato stile di vita, il suo comportamento, le priorità della vita, ma nello spirito è per lo più rimasto il vecchio Pietro. Anche chi legge queste righe probabilmente incontrerà molti credenti zelanti che hanno cambiato stile di vita, mentre il cuore è rimasto immutato.

Dopo la cattura di Gesù, Pietro Lo ha rinnegato tre volte e poi è fuggito per timore di essere imprigionato anche lui. Pietro non poteva accettare né credere che Gesù dovesse morire per essere resuscitato dai morti dopo tre giorni, sebbene Gesù glielo avesse più volte detto chiaramente. Una volta lo rimproverò anche ferocemente proprio per tale motivo (v. Mt 16,23; Mc 8,33).

Perciò, qualsiasi miracolo abbiate vissuto, per quanto abbiate appreso su Dio, per quante preghiere abbiate recitato, ciò ancora non significa che il cuore non sia radicato nella vecchia natura fallace. La vecchia natura, per quanto lo si desideri, non può accettare né credere a molto di tutto ciò.

L'evangelista Luca ci lascia supporre ciò che ha realmente cambiato Pietro come pure gli altri apostoli. Quando Gesù si manifesta ai discepoli dopo la resurrezione e non viene creduto nemmeno allora, illumina (apre) la mente degli apostoli affinché possano comprendere le Scritture (cfr. Lc 24,45; CCC 108). Dal momento in cui la mente viene illuminata (Dono dell'intelletto), Pietro diventa un uomo nuovo nel vero senso della parola. Non ha più paura dei Giudei e con un gruppo di 120 persone va quotidianamente a pregare nella stanza in cui si era svolta l'Ultima Cena. Pietro, oltre al coraggio, dimostra anche un'eccezionale conoscenza delle scritture dell'Antico Testamento. I suoi contemporanei ben istruiti non riconobbero in Gesù il Messia annunciato, mentre Pietro nelle scritture "trova" anche Giuda (v. At 1,15-22). Un cambiamento incredibile per Pietro! Subito dopo l'effusione dello Spirito Santo durante la Pentecoste, Pietro, pieno di Spirito Santo, si alza e spiega a tutti i presenti ciò che è effettivamente accaduto citando loro e interpretando le antiche scritture.

Nel momento dell'illuminazione lo Spirito Santo ci aiuta a vedere sotto la Sua luce determinate verità, poiché proprio allora entrano nel nostro cuore e diventano parte della nostra personalità.

Lazzaro e il ricco epulone

Ricordiamoci della parabola di Lazzaro e del ricco epulone. Il ricco dall'inferno prega Abramo di mandare Lazzaro dai suoi fratelli poiché è convinto che vedendo qualcuno risorto dai morti potranno credere e salvarsi. Ma Abramo gli risponde con una verità della quale mi sono convinto tante volte: non crederanno con il cuore fintanto che non crederanno a Mosè e ai profeti, ossia fintanto che non crederanno alla Sacra Scrittura, ossia finché lo Spirito Santo non illuminerà loro la mente affinché comprendano le scritture (v. Lc 16,27-31).

Torniamo nuovamente a Pietro.

Lo Spirito Santo non ha illuminato Pietro in una sola volta su tutto ciò che era necessario sapere. Negli Atti degli Apostoli vediamo come il Dono dell'intelletto abbia agito continuamente nella sua vita e gli abbia rivelato le verità della fede affinché potesse accettarle con il cuore e accoglierle nella sua vita. Particolarmente significativo è l'episodio a casa di Simone il conciatore quando, con una visione, è stato illuminato su ciò che era puro e impuro (v. Atti degli Apostoli, capitolo 10). Pietro era in preghiera quando gli venne fame, in attesa che gli preparassero il cibo ebbe una visione: una sorta di tovaglia calata dall'alto tre volte davanti a lui. Sulla tovaglia c'erano animali impuri che ai Giudei erano assolutamente vietati da mangiare. Tre volte sentì una voce che lo invitava ad alzarsi, ucciderli e mangiarli. Ogni volta rifiutò. Alla fine sentì la voce dirgli che non doveva chiamare profano ciò che Dio aveva dichiarato purificato. A prima vista potremmo definire questa visione quanto meno una allucinazione, se non un'opera diabolica. Del resto, era affamato e la visione proponeva cibo che andava contro le Leggi. Ma Pietro sapeva bene che la visione proveniva da Dio e che doveva prenderla sul serio. Gesù gli aveva detto più volte che era venuto a salvare anche i pagani e che pure a loro era necessario annunciare il vangelo, ma lui, nella sua testa e nel suo cuore da giudeo, non aveva potuto né desiderato accettarlo. La visione riuscì a convincerlo di ciò che Gesù aveva già detto a parole. Dopo la visione lo Spirito Santo gli disse chiaramente che alcuni pagani erano giunti per lui e che poteva liberamente incamminarsi con loro ed entrare nella casa pagana nella quale sarebbe stato invitato.

Ho letto e compreso molto in merito a ciò, ma non sono riuscito ad accoglierlo, non sono riuscito a credere con il cuore finché non ho visto e sperimentato lo stesso in una visione o nei sogni.

L'esempio di Paolo

Paolo, al tempo Saulo, era una persona molto istruita; oggi diremmo un giovane e promettente fariseo formato alla scuola di Gamaliele, uno dei più rinomati precettori della Legge dei padri. Dato che aveva preso parte all'uccisione di Stefano ed aveva perseguitato molti altri cristiani, doveva credere fermamente che ciò che faceva era giusto e gradito a Dio. Sebbene fosse ben istruito e avesse sicuramente un'ottima conoscenza delle Scritture, ciò non lo aiutò a riconoscere in Gesù l'uomo dei dolori di Isaia, il Messia (v. Is 53). Se Dio non ne avesse avuto misericordia, Saulo avrebbe continuato a perseguitare i cristiani convinto di fare cosa gradita a Dio (v. At 9,4).

La visione

Lungo la strada per Damasco gli si mostrò Gesù, colui che perseguitava. L'evento fu così drammatico per Paolo che rimase cieco e per tre giorni non bevve né mangiò. Il terzo giorno Dio gli mandò un certo Anania, un discepolo, che pregò per lui e attraverso il quale Paolo fu riempito di

Spirito Santo, accolse la profezia e il battesimo e guarì dalla cecità. Lo Spirito Santo attraverso la preghiera di Anania gli aprì la mente e gli fece comprendere il piano di salvezza di Dio per mezzo della misericordia. In questo mondo nessuno, con alcun mezzo di persuasione, avrebbe potuto produrre un tale effetto su Paolo come invece è successo con una visione e una preghiera di quel semplice discepolo, oggi diremmo un laico. Quell'unica visione e quell'unica preghiera hanno avuto grandi conseguenze, non solo sulla sua vita di fede ma anche, letteralmente, sulla vita di miliardi di cristiani ai quali Paolo ha lasciato in eredità le sue epistole. Subito dopo la preghiera Paolo ha cominciato a predicare la parola di Gesù con coraggio. Lo Spirito Santo gli aveva aperto (illuminato) la mente con tale vigore che nessuno dei maestri giudei riusciva a contrastarlo. Dopo ciò Paolo continuò ad avere visioni per il resto della sua vita, come pure a sognare e accogliere profezie.

Molte persone sante hanno mosso i primi passi verso la santità proprio con l'illuminazione dell'intelletto.

Esempi attuali

Lo Spirito Santo non dà una mente illuminata solo a santi, papi, vescovi, sacerdoti, frati, monache ed evangelizzatori, bensì pure a medici, ingegneri, inventori, maestri, fornai, artisti, sportivi, scienziati, agricoltori, pastori, muratori, baristi, studenti e scolari... a padri e madri, nonni e nonne... Lui si offre a tutti gli assetati, a tutti coloro che desiderano con fervore i Suoi doni e sono pronti ad accettare le Sue manifestazioni nelle Sue modalità (v. Gv 7,37, 1Cor 14,1). Io stesso non so quante volte lo Spirito Santo mi ha illuminato la mente pregandolo nei momenti in cui con la mia intelligenza non potevo comprendere, accogliere o risolvere qualche situazione.

Conversione

In un'occasione sono stato chiamato a parlare ad un gruppo di una decina di studenti di differenti denominazioni cristiane. Tra di loro c'era un giovane che aveva una sua immagine di Dio, molto differente da quella descritta nella Bibbia. Dopo la lezione ho pregato per ciascuno di essi singolarmente. Sono abbastanza sicuro che molti di noi tendano a dimenticare ciò che abbiamo sentito e imparato, a meno che lo Spirito Santo attraverso la preghiera non consolidi il materiale con la manifestazione dello Spirito e la Sua forza. Parimenti, ricordiamo molto meglio ciò che abbiamo sperimentato rispetto a ciò che abbiamo sentito (v. Mc 16,20; 1Cor 2,4; Rom 5,5). Per questo, dopo la predicazione, non perdo mai occasione di pregare per le necessità spirituali e corporali di coloro che mi hanno ascoltato. Dunque, quando ho pregato per tale ragazzo, con gli occhi dello spirito (il dono della conoscenza) ho visto in lui la fame della verità e, allo stesso tempo, la piena incapacità di comprendere la parola di Dio. Dopo una breve preghiera di liberazione (dono della forza), lo Spirito Santo mi ha spinto a pregare (dono del consiglio) affinché gli fosse aperta la mente per comprendere la Sacra Scrittura. Il risultato della preghiera fu un desiderio improvvisamente forte di leggere la Bibbia e una incredibile comprensione di quanto letto. Tale lettura lo ha condotto alla conversione, ad un completo cambiamento di vita. Da allora sono passati abbastanza anni, ma la passione per la parola di Dio non è ancora scemata. Quel giovane ha conosciuto Gesù, ha cominciato ad amarlo e servirlo. Lui è solo uno dei tanti casi simili dei quali sono stato testimone durante la mia vita. Per cui, in tale situazione il dono dell'intelletto ha portato fino alla conversione.

Talenti

Una volta, mentre ero intento nella scrittura del libro "Come credere" (*Kako povjerovati*), ho pregato lo Spirito Santo affinché mi mostrasse nella Sacra Scrittura come i fedeli oggi possono evangelizzare in modo più efficace. Lo Spirito Santo in quel momento mi illuminò la mente facendomi ricordare la parabola dei talenti. Molte volte ho letto e meditato su di essa, ma quella volta ho compreso, mediante un'ispirazione sovrannaturale, che Gesù non pensava solo ai talenti naturali, come il canto o il saper suonare uno strumento, quanto più all'esperienza della grazia. Se qualcuno ha sperimentato la grazia eccezionale dello Spirito che gli ha cambiato la vita, come per esempio la grazia del perdono, della conversione, della guarigione, della liberazione o qualsiasi altro esaudimento eccezionale, quella tale grazia (talento) può essere testimoniata a qualcuno che si troverà in una situazione di necessità simile o identica. Se lo condividiamo bene, ossia se testimoniamo la nostra esperienza di grazia nel momento giusto, alla persona giusta e nel modo corretto, c'è la grande possibilità che tale persona, come ho già scritto io stesso all'inizio circa l'esempio di Pietro, si interessi e provi la medesima cosa e sia in grado di accogliere il talento e condividerlo. Ho già ricordato come pure io, come molti altri, abbia accolto due talenti molto apprezzati che sono stato capace di condividere con successo, cosa che faccio tuttora: Medjugorje e il dono delle lingue. Perché smettere se tutto prosegue così bene?

Ciò che ho accolto in quella breve illuminazione della mente è stato oggetto di più predicazioni e ho spinto alcuni a dissotterrare i loro talenti e condividerli con successo.

L'uccellino malato

Una decina di anni fa ho tenuto un incontro di rinnovamento spirituale di cinque giorni presso un santuario mariano vicino a Budapest, il tema era "Le manifestazioni dello Spirito Santo attraverso sogni, visioni e profezie". L'ultimo giorno del seminario una signora ha offerto la seguente testimonianza:

Da una trentina d'anni vivo da sola. Mio marito è morto qualche anno dopo il matrimonio. Soffro di un profondo senso di solitudine, cado frequentemente in depressione e provo dolori in quasi tutto il corpo. Sebbene io sia credente, sono pochi i momenti in cui mi sento veramente felice. Sono venuta a questo seminario perché ho sentito che dovevo venirci, in modo del tutto soprannaturale. I primi tre giorni non è accaduto nulla, anche se terminavo ogni giorno con la preghiera per la guarigione, la purificazione interiore e la liberazione. Il tema della terza giornata riguardava i sogni e il modo in cui, quando indotti dallo Spirito Santo, possono predisporre o aprire il nostro cuore affinché possa accettare le grazie. Quella notte ho fatto un bellissimo sogno del quale non riuscivo a capire il senso. In sogno ho visto un albero con un ramo carico di piccoli uccellini che cantavano gioiosamente. Solo uno di loro stava in silenzio e si vedeva che era malato. Mentre osservavo la scena ho visto una mano prendere l'uccellino sul suo palmo. Sul palmo della mano l'uccellino ha cominciato lentamente a migliorare e ben presto è guarito. Ha cominciato anche lui a cantare. La mano si è spalancata e ha invitato l'uccellino a volare via, ma quello non aveva intenzione di andarsene. L'uccellino si sentiva così bene in quella mano che non voleva separarsi da essa. Tuttavia, dopo qualche tempo, si è alzato ed è volato indietro sul ramo per unirsi agli altri che cantavano.

Quel sogno è stato nei miei pensieri per tutta la giornata. Di sera c'è stata nuovamente la preghiera. Durante la preghiera mi sono sentita chiamata più volte. Quando colui che conduceva la preghiera attraverso il dono della conoscenza ha citato uno dei miei problemi, ho solo sentito come se qualcosa mi lasciasse. Quando ha citato qualcuno che riceveva pace e felicità, mi sono sentita come se una presenza bellissima riempisse tutto il mio essere. Dopo la preghiera sapevo di essere nella mano di Dio e che quell'uccellino che avevo precedentemente sognato non ero che io. Desideravo rimanere in quella mano per sempre. Più a lungo durava e più io mi sentivo sempre più riempita di una qualche sconosciuta forza di vivere. In un attimo ho sentito che ero completamente in salute e che potevo abbandonare quella mano senza paura. Addesso mi sento una persona nuova, libera e in salute. Non ringrazierò mai abbastanza lo Spirito Santo per ciò che ha fatto per me quella notte.

Quella donna aveva perso il marito all'inizio del matrimonio. Lo amava così tanto che non si era più risposata. Viveva per sua figlia. Nel cuore aveva accolto la "verità" suggerita da altre persone, ossia che suo marito fosse morto per volere di Dio, ma non era mai riuscita a capirne il perché. Quando aveva cominciato a patire la solitudine e a sentirsi abbandonata, ed erano insorti svariati problemi psichici e fisici, non era più riuscita a guarire, né con le sue preghiere né con quelle di tanti altri. Il cambiamento del cuore, come pure di tutta la vita, arrivò con l'illuminazione dell'intelletto in sogno, e con tale illuminazione arrivò anche la guarigione. Per questa signora vale ciò che recita il Salmo 127 al versetto 2:

Invano vi alzate di buon mattino e tardi andate a riposare, voi che mangiate un pane di fatica: al suo prediletto egli lo darà nel sonno.

Google

Dopo il primo seminario ed essere stato colmato di Spirito Santo, mi sono reso conto che per qualche motivo a me ignoto conosco le risposte ad alcune delle domande (non tutte) che le persone mi pongono, e che riguardano la spiritualità. Talvolta in tali situazioni mi sento come Google, un motore di ricerca al quale vengono fatte domande. Google, partendo dal suo immenso database, estrae i dati che secondo il suo algoritmo pensa diano la risposta alla domanda posta. Il mio primo database è la *Sacra Scrittura*, quindi il catechismo e altri documenti della chiesa, libri che ho letto, lezioni che ho ascoltato, conoscenze che ho ricevuto con la meditazione, esperienze fatte, testimonianze che ho ascoltato... Quando mi viene posta una domanda, talvolta mi sembra che lo Spirito Santo estragga dal mio subconscio precisamente le informazioni necessarie per poter formulare la risposta alla domanda fatta. Molto spesso sono più stupito io della risposta piuttosto di colui che mi ha fatto la domanda. Lo stesso mi accade quando rifletto da solo su qualche tema spirituale o medito su qualche testo. In tal modo ho imparato davvero tanto, ciò che mi fa più piacere è che ho imparato molte cose che non ho mai né sentito né letto altrove. Alcuni chiamano tale illuminazione dell'intelletto anche dono della parola.

Di fatto lo Spirito Santo ci dona una simile illuminazione anche per situazioni mondane, specialmente a scienziati, compositori, inventori, medici diagnostici... e perché no, anche a tutti gli altri che con l'aiuto dello Spirito Santo cercano risposte alle loro domande, come per esempio gli scolari e gli studenti quando agli esami rispondono alle domande poste.

Desideri impuri

Mi ricordo di aver avuto, per un certo periodo della vita, parecchi problemi con la sessualità. Sapevo di sbagliare, di dover essere puro, e desideravo esserlo, ma non ci riuscivo. Per quanto mi sforzassi, per quanto me ne pentissi, di volta in volta cadevo sempre in fallo. Ad un certo punto mi sono imbattuto in un testo in cui si parlava di come dovessimo essere completamente puri in merito a tale questione. Ho cominciato ad occuparmi di tale testo in modo assiduo, riflettendoci e meditandoci sopra. Più me ne occupavo e più vedevo con quanta facilità riuscivo ad allontanarmi dalle tentazioni impure. Non ho desistito e dopo un po' di tempo ho capito che riuscivo a resistere, senza grossi problemi, anche alle tentazioni più grandi. Talvolta lo Spirito Santo desidera semplicemente che consolidiamo bene la materia affinché non cadiamo in fallo nuovamente dopo un certo tempo, per questo l'illuminazione dell'intelletto avviene gradualmente.

Queste illuminazioni possono avvenire anche a coloro che hanno problemi con qualsiasi sregolatezza, come quelle del cibo e delle bevande, e in tal modo possiamo liberarci anche da qualsiasi dipendenza. Dobbiamo scegliere un buon testo che parli in modo argomentato del danno che provochiamo, essere sinceri e persistenti e lo Spirito Santo ci illuminerà in modo da sperimentare una completa libertà. È importante che leggiamo, riflettiamo e meditiamo ancora e ancora, con insistenza, e piano piano proveremo la libertà.

Predicazioni

Da oltre trent'anni predico la Buona novella. Mi preparo per la predicazione meditando sulla parola di Dio poiché desidero che lo Spirito Santo mi ispiri, mi dica ciò di cui devo parlare e come. Talvolta tale preparazione dura ore, anche giorni, e talvolta l'ispirazione è subitanea. Molte volte, giunti al termine del tempo previsto per la glorificazione (canto) dopo il quale io devo cominciare a predicare, ho chiesto che il coro cantasse ancora qualche canzone poiché io non avevo ancora ricevuto l'illuminazione. Quasi sempre durante la meditazione ricevo uno o più spunti dalla Sacra Scrittura sui quali allora rifletto. Nel momento dell'illuminazione semplicemente medito su ciò che lo Spirito Santo desidera dirmi e nella predica cerco di darne un'interpretazione ai miei ascoltatori. Molte volte anche io mi stupisco di ciò che sto dicendo. Senza il dono dell'intelletto le predicazioni possono anche essere interessanti, ma non hanno la forza di toccare e muovere il cuore delle persone, nemmeno per accogliere ciò di cui si parla, né ciò che accadrà dopo la predicazione nella preghiera. Se lo Spirito Santo non si manifesta nella predicazione, molto probabilmente non si manifesterà durante la preghiera dopo la predicazione. Molti lo sanno, e non cercano nemmeno di pregare per i bisogni dei presenti dopo aver predicato.

Devo ammettere, con tutta umiltà, che in alcune occasioni sono stato più un ostacolo che un aiuto per gli ascoltatori, molte volte sono stato vinto da orgoglio e superbia, arroganza e prepotenza, dal desiderio inconscio di mettermi alla prova e distinguermi: residui del mio vecchio uomo interiore, ancora non redento fino in fondo. Talvolta, per settimane, non posso venire a patti con il fatto che in alcuni rinnovamenti spirituali ho dato troppo di me agli spettatori e troppo poco di Dio.

Mi preparo allo stesso modo per la stesura di un libro o di articoli. Lo Spirito Santo aiuta nello stesso modo tutti coloro che desiderano realizzare qualcosa di buono e utile, e specialmente coloro che chiamiamo creativi e innovatori.

SCIENZA

Il dono della scienza, o come viene altrimenti chiamato Dono della conoscenza, è un dono che ci permette di accettare dallo Spirito Santo informazioni o conoscenze a noi ignote. Riguarda in particolare le informazioni o le conoscenze che non possiamo accogliere perché le abbiamo sentite e viste, ossia quelle che acquisiamo con l'esperienza e le percezioni umane (cfr. Is 11,1-4).

Questa conoscenza può giungere a noi attraverso sogni, visioni, profezie, meditazioni, preghiera interiore o per annuncio diretto.

Porto l'esempio di tre personaggi biblici, anche se nella Bibbia possiamo trovare una moltitudine di persone alle quali lo Spirito Santo ha offerto le Sue conoscenze benedicendo in tal modo loro e coloro che servivano. Ricordiamo ad esempio san Giuseppe, che si è preso cura di Gesù e al quale l'angelo ha dato le conoscenze in sogno, oppure Giuseppe di Giacobbe che i fratelli vendettero in Egitto e che grazie alla conoscenza donatagli dallo Spirito Santo divenne un uomo molto grande.

L'esempio di Daniele

Daniele era un giovane giudeo esiliato a Babilonia per il quale il re Nabucodonosor aveva stabilito che ricevesse un'istruzione nel suo palazzo. Si mantenne saldo alla Legge di Dio e Dio era con lui. In una occasione il re Nabucodonosor fece un sogno che lo inquietò grandemente. Chiese ai suoi maghi, indovini, sacerdoti scongiuratori e astrologi di rivelargli cosa avesse sognato e il significato di tale sogno. Ma nessuno di loro ci riuscì. Il re, acceso di furore, ordinò che tutti i saggi di Babilonia fossero messi a morte, tra di essi c'erano anche Daniele e i suoi compagni, sebbene loro non fossero nemmeno stati chiamati ad interpretare il sogno del re. Quando Daniele apprese ciò che stava per accadere, si offrì di dire al re ciò che aveva sognato e il suo significato. Pregò tre dei suoi compagni affinché implorassero la misericordia divina e Dio, in una visione notturna, svelò a Daniele il sogno e il suo significato. Tale fatto è narrato nel primo capitolo del Libro di Daniele. Se Daniele non avesse creduto a sogni e visioni, avrebbe perso la testa insieme ai suoi compagni!

Nel quinto capitolo dello stesso libro viene descritto come Baldassàr, il successore di Nabucodonosor, avesse preparato un banchetto e avesse profanato i vasi d'oro del tempio di Gerusalemme. Tutti i presenti videro allora una mano scrivere sulla parete del palazzo reale parole che nessuno sapeva leggere. Su consiglio della regina fu portato Daniele, che spiegò al re il suo giudizio, scritto sulla parete.

Nel primo caso nessuno, affidandosi alle capacità umane, era in grado di conoscere ciò che il re aveva sognato. La conoscenza che Daniele ha ricevuto è arrivata dallo Spirito Santo attraverso una visione notturna. Nel secondo caso nessuno dei numerosi ed esperti saggi riusciva ad interpretare la scritta sconosciuta. Anche qui l'interpretazione è stata resa possibile esclusivamente per intervento divino.

Daniele era il profeta di Dio ed uno dei suoi compiti era l'interpretazione dei sogni e di altre situazioni che non era possibile comprendere con le sole capacità umane. Entrambi gli eventi inquietarono i re, che sapevano molto bene che si trattava di qualcosa che Dio stesso diceva loro. Dio avrebbe potuto rivolgersi in un modo a loro comprensibile, eppure Lui sa che la nostra mente e il nostro spirito non accolgono sempre le informazioni nel medesimo modo. Per questo la Bibbia è ricca di immagini, sogni e visioni simboliche; per questo Gesù molte volte parlava utilizzando parabole con diversi simboli, e in tal modo lasciava agli ascoltatori il compito di interpretare nel profondo dello spirito ciò che desiderava dire loro.

Non sogniamo anche noi talvolta sogni che ci rendono ugualmente inquieti? Quante persone possono ad esempio confermare di aver sognato spesso serpenti o cani rabbiosi prima che accadesse loro qualcosa di brutto? Ma ci sono anche persone che miracolosamente hanno cominciato a guarire da una malattia grave o sono usciti da una situazione difficile dopo aver fatto un certo sogno incoraggiante mandato da Dio, dopo aver avuto una visione o una profezia incoraggiante.

L'esempio di Pietro

Nel terzo capitolo degli Atti degli Apostoli leggiamo che Pietro e Giovanni sono andati a pregare nel Tempio. Alla porta del tempio li attendeva un uomo, zoppo dalla nascita, che veniva posto lì ogni giorno per chiedere l'elemosina ai passanti. Pietro e Giovanni passavano là ogni giorno e probabilmente lo avevano visto diverse volte, ma questa volta si fermarono e Luca, autore degli

Atti degli Apostoli, ci dice che Pietro fissò lo sguardo su tale storpio poiché lo Spirito Santo in quel momento gli aveva detto qualcosa. L'uomo attendeva l'elemosina, ma Pietro gli disse di non possedere né argento né oro, ma di avere qualcos'altro per lui. Gli disse letteralmente: "Non possiedo né argento né oro, ma quello che ho te lo do: nel nome di Gesù Cristo, il Nazareno, alzati e cammina!" Quindi, riebbe la sua salute. Pietro non aveva guarito tutti gli storpi che aveva incontrato in città, si era fermato presso questo spinto dalla consapevolezza/cognizione improvvisa che Dio desiderava guarirlo in quel momento. Questa cognizione, consapevolezza gli arrivò direttamente dallo Spirito di Dio risvegliando in Pietro una fede eccezionale grazie alla quale poté guarire lo storpio.

Nel nono capitolo degli Atti degli Apostoli viene descritto l'incontro di Pietro con Enea, un uomo che era stato costretto a letto per otto anni perché paralitico. Come aveva detto a quello storpio, così disse a quest'uomo: "Enea, Gesù Cristo ti guarisce! Alzati e rifatti il letto!" Pietro sapeva che sarebbe accaduto ciò che gli aveva detto. Lui non lo avrebbe dichiarato se prima lo Spirito Santo non lo avesse informato di ciò che sarebbe accaduto.

In entrambi i casi il dono della scienza è servito per guarire da malattie gravi (incurabili). Nessuno dei due malati si aspettava di venire guarito, ma in entrambi si risvegliò una fede sovrannaturale dopo aver sentito le parole che Pietro aveva loro proferito. Il potere insito nelle parole che giungono tramite il dono della scienza è incredibile. Colui al quale sono indirizzate diviene semplicemente consapevole che è Dio a parlargli.

Negli Atti degli Apostoli ci sono anche altri esempi, fra i tanti quello che per me è più significativo è quello di Anania e di sua moglie Saffira che tentarono di ingannare Pietro mentendogli circa la quota per la quale avevano venduto il loro podere. Lo Spirito Santo rese consapevole Pietro di tale menzogna e gli fece subito sapere ciò che sarebbe loro accaduto. Quando li interrogò separatamente, prima il marito e poi la moglie, dopo che avevano mentito non solo a Pietro ma anche allo Spirito Santo, Pietro disse a entrambi che sarebbero morti a causa di ciò, e ciascuno spirò precisamente in quel momento (v. At 5,1-11).

L'esempio di Elia

I profeti sono servi del Signore che sono capaci di comprendere e trasmettere il messaggio a coloro ai quali Dio desidera parlare. Elia è stato uno dei maggiori profeti di Dio. Oltre ad avere una vita molto interessante, Elia è colui al quale Dio ha dato una conoscenza che nessun altro avrebbe potuto avere. Elia era in costante conflitto con il re Acab e la regina Gezabele, ai quali aveva predetto che non ci sarebbe stata né pioggia né rugiada finché lui non lo avesse comandato. Ed effettivamente, per tre anni e mezzo non ci furono né pioggia né rugiada.

Quando a causa della siccità cominciò la carestia, Elia faceva il suo ingresso nella città di Zarepta dove incontrò una vedova che raccoglieva la legna e la fissò. In quel momento capì di doversi rivolgere a lei e le disse che Dio, sebbene in quel momento non avesse quasi nulla, avrebbe dato da mangiare e lei, a suo figlio e ad Elia finché non fosse caduta la pioggia. La vedova lo ascoltò e avvenne come aveva predetto. Lo ascoltò perché in modo a lei incomprensibile sapeva che era proprio Dio a parlare attraverso la profezia di Elia.

Elia una volta si contrappose direttamente al re, alla regina e ai loro falsi sacerdoti. Lanciò loro una sorta di sfida. Li invitò ad immolare in sacrifico un animale al dio Baal che loro adoravano, mentre lui avrebbe presentato il suo sacrificio a Jahvè che lui adorava. Il dio che si fosse mostrato vivo, avrebbe mandato il fuoco sul sacrificio, e colui che avesse perso la sfida sarebbe stato giustiziato immediatamente. Elia sapeva in anticipo cosa sarebbe accaduto, altrimenti non avrebbe osato fare nulla.

Eppure, Elia non ha sempre saputo tutto. Consiglio senz'altro di leggere il Primo e il Secondo libro dei Re che parlano di lui e del successore Eliseo. Nelle loro vite il dono della scienza si è manifestato spesso.

Esempi attuali

Il numero di fedeli ai quali Dio ha concesso conoscenze, che ad altri non sono state rese disponibili, è enorme. Lo ha fatto nel medesimo modo in cui lo fa ancora oggi: attraverso sogni, visioni, profezie, riflessioni e consapevolezza interiore. Come per l'intelletto illuminato, così anche la conoscenza viene data dallo Spirito Santo a coloro che la cercano con fervore e tentano di ottenerla, e soprattutto a coloro che desiderano servirlo con efficacia.

Collaborazione futura

Tempo fa guardavo in casa dei miei genitori il notiziario *Dnevnik*. Per un attimo mi sono soffermato su uno dei politici che diceva qualcosa. Non sapevo né chi fosse né come si chiamasse, ma in quel momento, in modo del tutto incomprensibile, ho realizzato che in futuro io e quell'uomo saremmo diventati ottimi amici e che avremmo collaborato a qualcosa di importante. L'ho conosciuto una decina di anni dopo e siamo diventati ottimi amici. Quell'uomo, insieme a sua moglie e ad un'altra carissima coppia di coniugi, con alcuni altri amici, ha creato la fondazione che oggi sostiene finanziariamente oltre ottanta comunità cristiane che si occupano di evangelizzazione.

Da allora molte volte il mio sguardo si è fissato su determinate persone facendomi scoprire qualcosa di loro, qualcosa che non avrei mai conosciuto con le capacità umane.

Sono certo che molti abbiano avuto una simile esperienza di conoscenza quando hanno gettato lo sguardo sul loro futuro coniuge, ma anche in molte altre situazioni disparate.

Spesso ciò accade durante il sacramento della confessione. Molti sacerdoti possono testimoniare come in più occasioni abbiano fissato lo sguardo in modo del tutto inaspettato su una persona e abbiano saputo d'un tratto qualcosa che era molto importante per una buona e valida confessione, ma anche per la crescita nella fede sia del sacerdote sia del penitente (colui che si confessa).

Il figlio salvato dalla morte

Lo Spirito Santo ci dà conoscenza e consapevolezza dei pericoli che ci attendono. Dio, che rispetta la libertà di ciascuno, non può impedire che qualcuno commetta del male verso altri o se stesso, ma ci può avvisare in modo che quel male possa essere evitato. Lui non desidera solamente salvare le nostre vite ma anche tutto ciò che ci appartiene, per cui anche il nostro lavoro, i nostri beni materiali, la salute. Possiamo usare la conoscenza dei pericoli per evitarli o per eliminarli con la preghiera.

Una notte, intorno alle due, ho sentito in sogno la voce di mio figlio che terrorizzato mi chiamava per ben due volte: "Papà! Papà!" Si trattava di uno di quei sogni che ho immediatamente compreso venire dallo Spirito, e la voce che sentivo proveniva dall'angelo custode di mio figlio. Compresi che mio figlio si trovava in grande pericolo, altrimenti l'angelo non mi avrebbe mai svegliato in quel modo. Mi svegliai e andai subito a verificare che fosse nella sua stanza. Ma non era a casa. Cominciai a pregare. Nella preghiera lo Spirito Santo mi ricordò che mio figlio qualche giorno prima mi aveva menzionato un certo raduno di motociclisti. Non sapevo dove si tenesse tale incontro, ma il Signore mi mise in mente il nome di una località dove non ero mai stato sino ad allora. Mi misi subito in auto e andai a cercarlo. Allora non esistevano i navigatori, non avevo nemmeno la mappa stradale, e alle due di notte non c'era nessuno al quale chiedere indicazioni. Con il grande aiuto dello Spirito, lo trovai in un certo villaggio a una ventina di chilometri di distanza. Giaceva raggomitolato e contratto a terra, in stato incosciente. Schiumava dalla bocca. I suoi amici se ne erano andati e lo avevano lasciato solo. Molto probabilmente sarebbe morto se fosse rimasto lì, giacendo sulla terra fredda e nuda. Se non mi fossi fidato dell'avvertimento che Dio mi aveva mandato in sogno, ancora oggi sarei a porre la domanda a Dio sul perché non lo avesse protetto e perché fosse dovuto morire. Quella non fu né la prima né l'ultima volta che l'angelo mi svegliò nel cuore della notte, e sono certo che tutti gli angeli custodi sveglino e avvisino coloro ai quali tengono, purtroppo sono pochi quelli che reagiscono all'avviso in modo adeguato. Per cui, se vi svegliate all'improvviso nel cuore della notte, non mettetevi nuovamente a dormire senza aver pregato per proteggere tutti coloro che vi sono cari.

Piedi piatti

Una volta ho tenuto un incontro di rinnovamento spirituale presso una parrocchia in Croatia. Tenni la lezione prima della Messa serale, e dopo la Messa pregai per i presenti affidandomi al dono della conoscenza. Lo Spirito Santo, come accadeva di norma, mi diede la consapevolezza di ciò che c'era da fare al momento della preghiera. Tra le tante cose mi mostrò come ad un uomo con i piedi completamente piatti plasmasse nuovi archi plantari. Durante la preghiera non riuscii a vedere il giovane, ma solo i suoi piedi. Dopo la preghiera, al momento della testimonianza, ho insistito varie volte affinché tale persona si mostrasse e testimoniasse ciò che Dio aveva fatto. Forse a qualcuno il problema dei piedi piatti non sembra molto importante, ma a me lo Spirito Santo aveva suggerito di incoraggiare tale persona a dare la sua testimonianza. Per qualche motivo desiderava che tutti si accertassero che ciò fosse accaduto proprio mediante la preghiera. Subito dopo ho saputo che la medicina attuale non può sollevare i piedi piatti con nessun intervento chirurgico, e ciò non può assolutamente essere fatto in alcuni minuti con qualche suggestione. Evidentemente lo Spirito Santo desiderava mostrare la Sua effettiva presenza lì compiendo qualcosa che pure la Chiesa, con i suoi più rigorosi criteri, non poteva che riconoscere come un autentico miracolo. Quell'uomo si presentò il giorno dopo. Infatti, quando avevo chiesto a coloro che hanno i piedi piatti che si levassero le scarpe e verificassero ciò che era successo, lui si era rifiutato di farlo poiché non aveva nemmeno pregato per ciò, né aveva sentito nulla durante la preghiera. Non appena era tornato a casa, levandosi le scarpe, vide che aveva piedi nuovi di una forma perfetta. Da quel momento Dio ha cominciato a servirsi fortemente di tale uomo e molti hanno conosciuto Dio proprio grazie a lui.

Grazie a Dio, oggi in Croazia e in tutto il mondo ci sono tante persone che utilizzano questo dono pregando per la gente proprio in tal modo.

La morte della zia

Recentemente mi è giunta la testimonianza di una giovane fanciulla che aveva assistito ad una di queste preghiere.

Qualche anno fa ho perso la zia che lottava con una forma molto aggressiva di tumore, il sarcoma. Durante la sua malattia tutti in famiglia pregavamo per lei. Ad ogni comunità di preghiera che riuscivo a trovare chiedevo che si pregasse per la guarigione della zia. Sono andata in diversi santuari mariani a pregare per lei. Alla fine ho affidato tutto nelle mani di Dio e gli ho chiesto che fosse fatta la Sua volontà. Sette mesi dopo aver scoperto che la zia era malata, la malattia se n'è andata via del tutto. Eravamo oltremodo felici. I dottori le dissero che si trattava di un fenomeno inspiegabile dal punto di vista medico. Dopo appena un mese e mezzo dal giorno in cui avevamo saputo della sua guarigione, la malattia si è ripresentata e lei è morta velocemente. Il cuore mi si è spezzato. Non potevo credere che una persona così angelica dovesse vivere una tale sofferenza.

Ma dato che nulla nella vita è casuale, così non lo è stata nemmeno la malattia della zia né tanto meno la mia iscrizione all'università. Mi ero iscritta ad una materia a scelta e nell'ambito di tale materia dovevo partecipare a un incontro carismatico che si teneva a Dugo Selo.

Non appena ho preso posto nella sala ho percepito che eravamo tutti benvenuti. Molte persone partecipavano all'incontro nella speranza di incontrare Gesù. Il gruppo musicale cominciò a suonare e dopo mezz'ora di celebrazioni apparve il responsabile dell'incontro. Tenne la lezione e quando terminò disse che ci sarebbe stata la preghiera e che tutti dovevamo chiudere gli occhi per concentrarci completamente su Gesù e affidargli ciò che ci pesava sull'animo. L'unica cosa che mi opprimeva era non sapere se mia zia si era salvata. Dopo la preghiera ci furono molte testimonianze, molte persone ricevettero una risposta alla loro preghiera, ma non io. Dopo ciò, il responsabile invitò coloro che lo desideravano ad esprimere una preghiera individuale e la band cominciò a suonare. Ho aperto gli occhi e ho detto tra me e me: "Bene, non c'è problema, io credo che abbia trovato la salvezza e che ora non soffra più." Dopo essermelo detta dentro di me ed aver lasciato andare questo pensiero, a quel punto il responsabile dell'incontro è tornato al microfono, ha interrotto la band e ha detto: "Qui c'è una persona giovane che ha recentemente avuto un lutto in famiglia. A tale persona desidero dire che quel familiare è morto nella misericordia di Dio."

Il cuore ha cominciato a battere come quello di un bambino. Non scorderò mai quell'ondata di emozioni positive. A quell'incontro ho ritrovato la pace interiore.

È incredibile ciò che Dio può compiere quando ci affidiamo a Lui. Quando ha affidato la zia la prima volta, Dio l'ha guarita, e quando ha affidato a Dio il suo desiderio di sapere cosa fosse successo alla zia, lo Spirito Santo ha desiderato che io interrompessi la band nel mezzo della canzone e che le dicessi che era morta nella misericordia.

La gamba cresciuta

In una delle nostre cittadine, ricordo di aver tenuto un evento di rinnovamento spirituale di tre giorni per la festività di Santa Maria Maddalena. Durante la preghiera lo Spirito Santo mi rivelò che tra di noi c'era una donna che non aveva mai camminato senza le stampelle poiché una gamba era più corta dell'altra di cinque centimetri. Annunciai che Dio l'avrebbe guarita. In quel momento lei sentì la forza di Dio dentro di sé, ma non accadde nulla di tangibile. Dopo la testimonianza un gruppo di giovani della parrocchia la circondò e cominciarono a pregare per lei con tutto il cuore. Durante la preghiera, alla vista dei tanti presenti, la gamba crebbe esattamente di quanto era necessario: cinque centimetri. Lei sapeva che la gamba era più corta esattamente di 5 cm perché fino ad allora aveva subito diverse operazioni e complessivamente aveva passato undici anni in diversi ospedali. In quella cittadina l'edificio più alto aveva quattro piani. La settimana seguente lo scelse per salire e scendere le scale senza alcun tipo di assistenza, godendosi il nuovo stato di salute. Lo Spirito Santo le disse che le dava la salute, e le fece sentire la Sua forza mentre lo ascoltava e le diede sufficiente tempo per aprire il cuore all'accettazione. Il dono della conoscenza qui era necessario. Se non avesse saputo che Dio l'avrebbe guarita durante la preghiera dopo la testimonianza, molto probabilmente non si sarebbe minimamente verificata una guarigione così grande.

Sa tutto di tutti

Molti anni fa tenni degli incontri di rinnovamento spirituale in una parrocchia dello Zagorje. Alla fine di uno di questi mi si avvicinò una madre con una bambina di cinque-sei anni. A quella bambina interessava moltissimo sapere come è possibile che Dio conosca tutto di tutti, considerato che al mondo siamo davvero in tanti. Meditava molto su questa domanda e non riusciva proprio a togliersela dalla testa. Le dissi che doveva pregare lo Spirito Santo affinché le dicesse o le mostrasse come ciò era possibile. Dopo alcuni mesi, la bambina venne nuovamente con la mamma e in quell'occasione mi raccontò cosa le era successo:

Ho pregato lo Spirito Santo e in un attimo mi è successo di sapere tutto di tutti. Sapevo tutto di ogni singolo uomo al mondo. Ciò non era affatto complicato e mi sembrava anzi la cosa più semplice al mondo. Dopo alcuni minuti, tutto è cessato e non sapevo nulla di nessuno.

Sembra che Dio doni anche le esperienze più incredibili a coloro i quali desiderano qualcosa con tutto il cuore.

Il pilota, l'autista e il soldato

Uno dei sogni più belli che risvegliano il mio spirito è il sogno in cui volo. Mi capita regolarmente quando ho un rapporto particolarmente ravvicinato con Dio. Alzarsi da terra e volare o compiere salti enormi è una sensazione favolosa. Questo è un sogno con il quale Dio mi mostra nel modo migliore il mio stato spirituale. Talvolta ringrazio semplicemente Dio e mi godo il volo e ciò che vedo, talvolta sono orgoglioso di questa mia capacità che altri non hanno e cerco di mostrarla ad altri. Qualche volta posso volare alto e lontano, talvolta solo basso e per breve tempo. Talvolta tutti vedono come volo, talvolta nessuno se ne accorge, e talvolta mi vedono, ma questo evidente miracolo non interessa a nessuno. Ciascuna di queste combinazioni ha per me tutto un suo concreto significato e descrive perfettamente il mio stato spirituale del momento.

Spesso faccio anche altri sogni per me caratteristici nei quali lo Spirito Santo mi esorta e mi innalza. Così a volte sogno di guidare la mia vecchia Ford Escort rossa. Perlopiù sogno di guidarla senza freni e non posso fermarla, oppure sogno di averla lasciata da qualche parte e non riesco a trovarla. Talvolta sento di guidare un'auto veramente costosa.

Spesso sogno di essere a casa dei miei genitori che si trova vicino al confine con l'Ungheria. Comincia la guerra e i carri armati nemici distano solo alcuni chilometri. La foresta è vicina e ho abbastanza tempo per scappare e nascondermi, ma non riesco a trovare in alcun modo né i vestiti né le scarpe che so essere da qualche parte e che sono adatti per fuggire nel bosco. Per quanto mi sforzi, non riesco affatto a vestirmi.

Da questi sogni mi è molto facile capire che ad esempio mi manca la preghiera, che sono incorso in qualche errore o debolezza, che ho ceduto all'orgoglio, che devo cambiare qualche decisione, che sono sulla giusta strada; mi rendono consapevole dello stato spirituale delle persone con le quali comunico... Credo che ciascuno di noi faccia sogni che sono caratteristici per ogni persona, poiché Dio tiene molto a noi e desidera che ci salviamo tutti e che siamo tutti persone migliori.

È del tutto comprensibile che i sogni non vadano in alcun caso interpretati consultando il libro dei sogni e che non vada attribuito ogni sogno allo Spirito Santo.

Come attivare il dono della conoscenza?

Poco dopo la prima esperienza in cui lo Spirito Santo mi ha colmato di forza, ho partecipato al seminario di padre Emiliano Tardif. Dopo la predicazione, lui pregava sempre per tutti i presenti dicendo a voce alta ciò che lo Spirito Santo fa in preghiera. Essenzialmente in tale momento pronunciava frasi del tipo: "Tra di noi c'è un uomo di cinquantuno anni. Sei al tuo primo seminario di questo tipo e partecipi per la prima volta a questa preghiera. Il Signore ti ha condotto qui affinché tu fossi liberato dai dolori alla schiena di cui soffri da molti anni, e per darti l'amore necessario per perdonare con tutto il tuo cuore tuo padre che ti ha abbandonato quando tu ne avevi più bisogno", oppure: "Tra di noi c'è una donna che già da lungo tempo, nonostante le cure mediche, non può concepire un figlio. Il Signore ti benedice e tu concepirai presto e crescerai un figlio sano", oppure: "Tra di noi c'è un giovane uomo che è allergico a più tipi di cibo. Il Signore da questo momento ti guarisce. Già oggi potrai mangiare qualsiasi cosa tu voglia e non avrai alcuna reazione." Le persone che si riconoscevano in ciò che lui diceva avevano quasi regolarmente alcune reazioni fisiche o sensoriali: sentivano calore, eccitazione, brividi, una leggera brezza, o semplicemente erano inondate di pace e amore. Dopo la preghiera venivano in fila le testimonianze e la maggior parte delle persone chiamate testimoniava che lo Spirito Santo le aveva effettivamente toccate in tal modo. Coloro che erano guariti da dolori o da qualche malattia, per cui sapevano all'istante che erano cessati, testimoniavano la loro guarigione. Ovviamente padre Tardif non aveva mai visto prima queste persone "chiamate" e non sapeva nulla di loro né dei loro problemi.

Io rimasi incantato, e quando disse che lo Spirito Santo dà simili doni a coloro che Lo desiderano servire con il cuore, anche io nel profondo del cuore ho desiderato un simile dono, questa conoscenza, e dopo qualche tempo sono riuscito ad attivarlo pure io, e lo Spirito Santo tramite tale dono impresso su di me, nel corso di una trentina d'anni, ha benedetto un numero enorme di persone. Padre Tardif è stata la prima persona che ho sentito parlare dei sette doni dello Spirito come di carismi e affermare che tutti i cresimati sono di fatto dei carismatici, che lo sappiano o meno, che lo vogliano o no.

L'apostolo Paolo, nella Prima lettera ai Corinzi al capitolo 14, ci invita a desiderare fortemente i doni spirituali e a cercare di averne in abbondanza nella costruzione della Chiesa. Il modo migliore per poter attivare il dono dello Spirito ricevuto o riceverne uno nuovo è proprio questo indicato da san Paolo: desiderare fortemente i doni spirituali e cercare di averne in abbondanza nella costruzione della Chiesa.

Se desideriamo con ardore, allora continueremo a meditare sempre più sul singolo dono che tanto bramiamo, continueremo a volerne sapere di più e cercheremo di raggiungere qualche luogo dove si prega per l'effusione dello Spirito Santo. Lui si può effondere in noi e nella nostra stanza, ma per molti è addirittura più facile riceverlo in un clima di celebrazione, predicazione e preghiera per la fede, e ciò accade più di sovente durante gli incontri di rinnovamento nello Spirito Santo. Dunque, desiderare con ardore e cercare continuamente sono le parole chiave per attivare ogni dono, perciò anche quello della conoscenza.

SAPIENZA

La sapienza di Dio non è paragonabile a qualsiasi sapienza umana. Solo Dio conosce il futuro e il cuore degli uomini, e per questo Lui è l'unico a sapere come bisognerebbe reagire in determinate situazioni.

Riflettendo sul dono della sapienza, comprendo solo ora che una delle mie più grandi mancanze è stata quella di non aver supplicato Dio con cuore tenace per il dono della sapienza in tutti gli ambiti della vita. Mi chiedo perché, dopo aver ricevuto abbondante sapienza in alcuni ambiti, io non abbia desiderato di tutto cuore la sapienza anche negli altri. Se lo avessi fatto avrei evitato molti peccati, dolori e ferite; avrei preso molte più decisioni positive; la vita sarebbe stata più fruttuosa.

Cosa fare quando ti ammali di un male incurabile? Come, cosa e chi pregare? Oppure quando comprendi che ti piacciono persone del tuo stesso sesso? Cosa fare quando la famiglia comincia a dividersi? Cosa fare quando desideri ardentemente aiutare qualcuno ma non sai come? Come perdonare e come rappacificarsi con qualcuno con cui non parli da molto tempo? Come far avvicinare un non credente al Signore, come aiutarlo a credere e salvarsi? Queste sono solo alcune delle numerose domande alle quali la risposta migliore può darcela solo la sapienza divina.

Uno dei motivi per i quali ogni mia mattina comincia con la santa Messa è legato alla sapienza divina che invoco per ricevere sostegno in tutto ciò di cui mi occuperò in quel giorno, specialmente se so che mi attende qualcosa di molto impegnativo. Ma non prego solo per la sapienza quanto anche per gli altri sei doni, poiché la giornata con essi si svolge in modo completamente diverso.

L'esempio di Salomone

Salomone era il figlio di re Davide. Dio gli aveva dato sapienza come nessun altro l'aveva mai avuta prima né mai l'avrà. Nel Primo libro dei Re leggiamo precisamente come è accaduto ciò. Riporto l'intero passo poiché il lettore attento potrà imparare molto da esso.

Il re andò a Gabaon per offrirvi sacrifici, perché ivi sorgeva l'altura più grande. Su quell'altare Salomone offrì mille olocausti. A Gabaon il Signore apparve a Salomone **in sogno** *durante la notte. Dio disse: "Chiedimi ciò che vuoi che ti conceda." Salomone disse: "Tu hai trattato il tuo servo Davide, mio padre, con grande amore, perché egli aveva camminato davanti a te con fedeltà, con giustizia e con cuore retto verso di te. Tu gli hai conservato questo grande amore e gli hai dato un figlio che siede sul suo trono, come avviene oggi. Ora, Signore, mio Dio, tu hai fatto regnare il tuo servo al posto di Davide, mio padre. Ebbene io sono solo un ragazzo; non so come regolarmi. Il tuo servo è in mezzo al tuo popolo che hai scelto, popolo numeroso che per quantità non si può calcolare né contare. Concedi al tuo servo un cuore docile, perché sappia rendere giustizia al tuo popolo e sappia distinguere il bene dal male; infatti chi può governare questo tuo popolo così numeroso?" Piacque agli occhi del Signore che Salomone avesse domandato questa cosa. Dio gli disse: "Poiché hai domandato questa cosa e non hai domandato per te molti giorni, né hai domandato per te ricchezza, né hai domandato la vita dei tuoi nemici, ma hai domandato per te il discernimento nel giudicare, ecco, faccio secondo le tue parole. Ti concedo un cuore saggio e intelligente: uno come te non ci fu prima di te né sorgerà dopo di te. Ti concedo anche quanto non hai domandato, cioè ricchezza e gloria, come a nessun altro fra i re, per tutta la tua vita. Se poi camminerai nelle mie vie osservando le mie leggi e i miei comandi, come ha fatto Davide, tuo padre, prolungherò anche la tua vita." Salomone si svegliò:* **ecco era stato un sogno.** *(1Re 3,4-15)*

Salomone aveva acceso a Dio un migliaio di olocausti. Chissà quanti giorni sono stati necessari per macellare, sacrificare e bruciare mille animali!? Forse tanti quanti sono serviti agli apostoli che con un centinaio di altri discepoli avevano pregato per nove giorni e atteso l'effusione dello Spirito Santo che avvenne alla Pentecoste, o forse ancora più. Ci sono momenti in cui semplicemente siamo spinti da una qualche forza incomprensibile a trascorrere ininterrottamente più giorni alla presenza di Dio, poiché, in un modo inconcepibile per la mente umana, sappiamo che accadrà qualcosa, che riceveremo ciò che ci cambierà la vita. Così è stato anche per Salomone. Qual è stato il risultato della sua preghiera? Dio si è manifestato a Salomone in sogno, in sogno ha parlato con lui e gli ha dato la sapienza. Ci sono innumerevoli esempi di persone alle quali Dio, attraverso i sogni, ha concesso la sapienza. Uno di quelli a noi più noti è sicuramente l'esempio di san Giovanni Bosco, fondatore dei salesiani. Per questo consiglio che vi leggiate assolutamente qualche sua buona biografia.

Noi probabilmente non saremo chiamati, come Salomone, a governare un popolo, ma c'è la possibilità che "governeremo" i nostri bambini, oppure saremo insegnanti per cui saremo chiamati a "governare" sugli alunni a noi affidati, oppure ancora saremo dei dirigenti in qualche posto di lavoro e dovremo "governare" i lavoratori a noi affidati, oppure dovremo esercitare qualche altro tipo di autorità. Infine, ciò che è più importante, che lo desideriamo o no, dobbiamo "governare" noi stessi, ossia il nostro spirito, la nostra moralità e la nostra carne. La sapienza divina ci è sicuramente utile se desideriamo avere successo in qualsiasi campo, compresi i rapporti familiari e coniugali, ci è necessaria specialmente se desideriamo evangelizzare con successo.

Il Vangelo ci dice che Gesù cresceva in sapienza, età e grazia davanti a Dio e agli uomini (v. Lc 2,52). Anche noi dovremmo crescere continuamente in sapienza, età e grazia se desideriamo vivere in modo fecondo. Anche noi, come Salomone, don Bosco e tante altre persone di fede, dovremmo essere aperti ai doni dello Spirito Santo. La sapienza di Dio talvolta è così opposta al nostro raziocinio che possiamo accoglierla solamente se giunge a noi tramite sogni o visioni.

Esempi attuali

L'immagine di san Giuseppe

Un santo, oggi un parroco già defunto, che ogni giorno trascorreva molto tempo intercedendo per i suoi parrocchiani con il Santissimo, mi raccontò una volta una sua esperienza. La riporto esattamente come l'ho memorizzata io. Durante la guerra la sua chiesa parrocchiale era stata completamente distrutta. Non c'erano i mezzi per costruirla di nuovo. Il parroco, tuttavia, pregò con fervore e implorò Dio onnipotente e misericordioso. Una notte sentì una voce mentre sognava: "Porta alle rovine della chiesa un'immagine di san Giuseppe!" Dato che per lui, come per il giovane Samuele, questa era la prima volta che sentiva la voce di Dio, si meravigliò molto ma non reagì, continuò piuttosto a dormire. La stessa cosa si ripeté ancora due volte. Allora cominciò a ragionare sul da farsi. Fece esattamente ciò che ciascuno di noi farebbe in simili situazioni. Invocò lo Spirito Santo e Lo pregò di concedergli la saggezza. Lui lo spinse subito a chiedersi cosa sarebbe potuto accadere se avesse ascoltato la voce oppure no. Giustamente pensò che i parrocchiani avrebbero potuto pensare qualsiasi cosa di lui se, con quel tempo e in quel preciso momento, qualcuno lo avesse visto portare un'immagine presso la chiesa in rovina. Guardò attraverso la finestra. Era mattino presto, la pioggia cadeva forte e sulla strada ancora non c'era nessuno. Decise che se fosse andato mentre ancora non c'era nessuno per strada, l'unica cosa negativa che si sarebbe potuta verificare era che si inzuppasse di pioggia. Mentre se non avesse ascoltato la voce che gli sembrava provenisse da Dio, forse avrebbe perso qualche grande benedizione. Saggiamente ascoltò la voce e fece quanto gli era stato detto. In quello stesso giorno, un vescovo italiano con la sua delegazione venne a visitare le rovine delle chiese distrutte durante la guerra. La sua diocesi aveva raccolto i fondi per costruire completamente una nuova chiesa e avevano deciso che avrebbero dato i soldi per la riedificazione di quella chiesa sulle cui rovine avessero trovato un'immagine di san Giuseppe. Il parroco ricevette quel giorno tutto il denaro necessario, con il quale poté ricostruire velocemente una nuova chiesa, più bella e più grande di quella precedente. Qualcosa di simile può accadere a ognuno di noi? Certamente sì! Dio può darci molto più di ciò che generalmente pensiamo o per cui osiamo pregare. Questi doni spesso arrivano in sogno. Non lo dice forse il salmo che Dio dona ai suoi cari in sogno?

Uno ad uno

Spesso sono stato spinto dallo Spirito Santo a testimoniare la mia fede a un non credente. Quando accade ciò, comincio a pregare per tale persona. Durante la preghiera cerco la sapienza divina poiché so che solo Dio sa quando, cosa e come devo parlare a tale persona.

Recentemente ho avuto occasione di parlare con una giovane ragazza. Durante il colloquio ho sentito che lo Spirito Santo mi spingeva a parlarle un poco di Dio. Le ho chiesto se credesse in Dio, lei mi ha risposto che non ne era sicura. Dopo la Cresima era rimasta amareggiata dalla

Chiesa e da diversi anni aveva smesso di andare a Messa e pregare. Per prima cosa, le ho chiesto se nel caso in cui si fosse trovata in un aereo che stava per cadere, a causa di un guasto al motore, avrebbe invocato Dio per essere salvata. Dopo averci riflettuto un po' mi ha detto con sincerità di sì, e ciò probabilmente con tutto il cuore. Le ho detto che ora era chiaro che nel suo cuore lei credeva in Dio, eccome! A prescindere da quanto la sua mente resistesse a ciò. Si mise a ridere di gioia. Dopo ciò ho cominciato a invocare lo Spirito Santo con il cuore affinché mi spiegasse cose dirle in merito alla sua delusione verso la Chiesa, e d'un tratto ho compreso perfettamente come sarei riuscito a farla tornare. Le ho chiesto da quale santo precisamente fosse rimasta delusa, poiché la Chiesa è innanzitutto costituita dai santi. Non puoi abbandonare la Chiesa, senza abbandonare anche i suoi santi o, come ha detto qualcuno, non puoi abbandonare Gesù a causa di Giuda. È rimasta sorpresa, e dopo un breve raccoglimento mi ha detto che non era rimasta delusa da alcun santo, quanto più dal fatto che nella sua parrocchia non aveva visto nessuno che potesse anche solo lontanamente appartenere a tale categoria. Era amareggiata poiché, nonostante tutte le messe e gli altri atti di devozione compiuti, non vedeva alcuna differenza né in se stessa né negli altri. Le ho detto che ciò non era strano, dato che Gesù ha ordinato ai santi di rimanere invisibili, ossia: quando pregano lo devono fare nel silenzio della loro camera; quando digiunano, devono farlo senza che nessuno se ne accorga; quando aiutano, se possibile, nessuno o solo pochissime persone devono accorgersi che hanno prestato aiuto; ha detto loro di essere impercettibili, umili e pieni di abnegazione... Le ho detto che conosco molti che pregano, si sacrificano e aiutano coloro che non saranno mai in grado di ripagarli poiché non sapranno mai chi ha prestato loro aiuto. Lo fanno senza aspettarsi nulla in cambio da nessuno, nemmeno da Dio. Per loro è una gioia fare il bene come pure è una gioia rimanere inosservati. Quindi le ho domandato se lei avrebbe desiderato che le sue buone azioni fossero rese note oppure avrebbe preferito che rimanessero anonime. L'ho colpita nel cuore. Avrebbe voluto essere proprio così, una credente anonima, invisibile, che potesse scoprire la sua vera fede unicamente con simili conversazioni di evangelizzazione "uno ad uno", e ciò solo perché qualcun altro faccia lo stesso.

Qui abbiamo rotto il ghiaccio e abbiamo continuato a parlare di sacramenti, specialmente della santa Messa. Dopo poco è tornata di cuore alla sua parrocchia, con grande gioia dei suoi genitori che non avevano mai smesso di pregare per ciò. Senza la sapienza di Dio ciò non sarebbe mai potuto accadere.

Con sapienza nella Chiesa

La Chiesa ha da sempre avuto problemi con le persone piene di doni dello Spirito e viceversa, ossia le persone con molte doti hanno problemi con la Chiesa. Sono cresciuto in una famiglia cattolica tradizionale nella quale la fede era molto importante. Dato che la casa era proprio accanto alla chiesa, non ci perdevamo nemmeno una funzione religiosa. Pregavamo ogni giorno con i nostri genitori a casa.

Una volta ho partecipato ad una via crucis in un'altra parrocchia dove, con mia grande sorpresa, al posto del parroco c'erano due donne a condurre la processione. Ero così costernato dalle loro preghiere "spontanee" che sono rimasto in chiesa solo per rispetto. Non sapevo che fossero delle carismatiche, sapevo solo che "mi davano proprio sui nervi". Ripenso sempre a questo episodio con il sorriso ora che anche io mi trovo nella loro posizione e mi imbatto in coloro ai quali "do sui nervi".

Quando alcuni parroci mi hanno invitato nelle loro parrocchie affinché tenessi incontri di rinnovamento spirituale, altri hanno domandato se io, in quanto laico, potessi farlo e in particolare se come laico potessi pregare per la guarigione e la liberazione. Allora ho levato un grido a Dio affinché mi concedesse la sapienza e Lui mi ha realmente dato sia la sapienza sia il coraggio. Ho sentito chiaramente le Sue parole dal libro dell'Apocalisse:

"Ecco, ti ho posto davanti una porta aperta, che nessuno può chiudere!" Solo Dio può chiuderla attraverso i Suoi vescovi. Ho radunato la mia squadra, i miei bravi Cristofori (portatori di Cristo), siamo andati in oltre trecento parrocchie e abbiamo tenuto più di cinquecento incontri di evangelizzazione-preghiera in varie sale. Abbiamo dato vita alla rivista di evangelizzazione *Book* che da ben tredici anni può essere acquistata in tutte le edicole della Croazia, ed è letta anche in altri paesi. C'è stato anche un tempo, prima della crisi, in cui avevamo ben tre differenti riviste di evangelizzazione nelle edicole. Ad oggi abbiamo pubblicato oltre cento libri cristiani. Abbiamo avviato una scuola di preghiera che è in continua crescita, oggi è diretta da sei dei nostri membri impiegati a tempo pieno come responsabili della scuola. Abbiamo creato una fondazione, una istituzione, una comunità e una casa editrice. Ci sono state delle incomprensioni, ma le abbiamo sempre risolte con successo utilizzando la diplomazia ispirata dalla sapienza di Dio, o quantomeno siamo riusciti ad aggirarle.

Nulla di tutto ciò sarebbe stato possibile senza abbondante sapienza divina poiché nessuno di noi era formato per ciò di cui andavamo ad occuparci.

Come attivare il dono della sapienza

La sapienza accompagna i coraggiosi, coloro che sono pronti a rischiare. Infatti, la sapienza divina spesso è così differente da quella umana che abbiamo veramente bisogno di una grande fede in Dio per ascoltarla.

Mi sembra proprio che la sapienza umana, l'intelligenza umana, sia uno degli ostacoli più grandi alla sapienza di Dio. Spesso, quando pensavo di non aver bisogno della sapienza di Dio, mi sono accorto di essere in fallo. Ogni qual volta le cose ci appaiono logiche, non necessariamente ciò significa che appaiano logiche anche a Dio. Parimenti, troppe volte ho abbandonato qualcosa solo perché non ho pregato per ottenere la sapienza divina.

Grazie a Dio ho ancora un po' di tempo davanti a me. Per quanti anni mi siano rimasti, sono troppo pochi perché io li viva solo con la mia sapienza. Per questo do il seguente consiglio: quando ci troviamo in una situazione di necessità, non dobbiamo sempre pregare Dio che ce la risolva, piuttosto dobbiamo prima invocare con tutto il cuore affinché ci conceda la Sua sapienza, poiché il più delle volte anche noi da soli dobbiamo collaborare alla soluzione divina dei nostri problemi.

FORTEZZA

esù ci chiama ad annunciare il Suo vangelo con la forza (fortezza) dello Spirito Santo, ossia ci invita ad unirci a Lui nella sofferenza per la salvezza dei peccatori e, qualora chiamati a ciò, a guarire i malati, a fare miracoli e scacciare gli spiriti maligni. Non possiamo fare nulla di tutto questo senza la forza dello Spirito, senza il dono della fortezza. La Sua chiamata non è cambiata e non cambierà fino alla fine dei tempi. Oggi esistono oltre cinque miliardi di persone alle quali il vangelo non è stato nemmeno annunciato. Tenendo conto di quante persone c'erano al mondo al tempo di Gesù, quello attuale è un numero altamente superiore rispetto a quello degli esordi della Chiesa. Rispetto ai tempi di Gesù, oggi più persone soffrono fortemente e muoiono di malattie gravi e incurabili. Rispetto ai tempi di Gesù, oggi ci sono più persone con handicap e molti, per prendersene cura, devono rinunciare a se stessi. Ancora oggi viviamo in un mondo in cui siamo esposti ad abusi, umiliazioni, incomprensioni, maltrattamenti, per cui anche oggi abbiamo bisogno di fortezza per sanare e perdonare, fortezza per benedire e amare i nemici, per pregare per la loro salvezza... I motivi per i quali Gesù ci ha chiesto di evangelizzare con forza non sono diminuiti, al contrario, sono aumentati.

Sono cresciuto in una famiglia cattolica profondamente tradizionale che credeva con tutto il suo essere in Dio, ma non credevamo nella potenza della preghiera carismatica come invece avviene oggi. Perché no? L'apostolo Paolo scrive che non possiamo credere se non abbiamo sentito, non abbiamo letto e se nessuno ci ha parlato, ci ha dato testimonianza, o ci ha interessato alla fede.

Subito dopo essermi recato la prima volta a Medjugorje, ho provato la forza del digiuno. Sono riuscito senza alcun problema a fare digiuno a pane e acqua sia mercoledì che venerdì, poiché nel profondo del mio animo ho sentito, a Medjugorje, che Dio desiderava che digiunassi. Sapevo nel profondo che tale digiuno aveva un senso e una forza incredibile, poiché era volto alla salvezza dei peccatori. Per tale motivo ho cominciato a pregare il rosario intensamente ogni giorno. Tutto mi riempiva di pace e profonda gioia. Mi sentivo soddisfatto poiché sapevo di servire Dio efficacemente. Pensavo che sarebbe durato fino alla morte, ma poco a poco le faccende terrene hanno nuovamente preso il sopravvento e la grazia della preghiera e del digiuno ha cominciato a diminuire.

Allora, proprio nel momento giusto, ho conosciuto il movimento carismatico. Da quel momento, dopo aver sentito la testimonianza di un sacerdote che alla cresima parlava attraverso il dono delle lingue dicendo che i carismi non sono mai spariti dalla Chiesa, e che chiunque sia sinceramente assetato di Dio può riceverli, la mia fede ha ricevuto un senso ulteriore. Ho creduto a quel sacerdote perché, in modo a me incomprensibile, sapevo che stava dicendo la verità. Sentivo come se parlasse di qualcosa che, in quanto credente, mi mancava.

Poco dopo questo evento, sono andato al primo seminario per l'effusione dello Spirito Santo e subito al primo giorno ho sentito in modo sorprendente di essere colmo di Spirito Santo, e già al terzo giorno ho provato la pienezza della forza dello Spirito, la pienezza della fortezza di Dio. Quando ho provato l'effusione dall'amore del Padre, in quel medesimo istante ho saputo di non essere chiamato ad amare solo con amore umane, bensì anche con la forza e la fortezza più potenti al mondo: l'amore di Dio.

Nel momento in cui si conosce l'amore del Padre, nessuno riesce a dominarsi e tutti coloro che l'hanno provato desiderano testimoniarlo ad altri. Questo amore si manifesta più chiaramente nel servizio con i doni dello Spirito e per questo Dio ci chiama a desiderarli con fervore e cercare di averne in abbondanza per la costruzione di noi stessi e della Chiesa.

Il bene più grande possibile che possiamo fare a qualcuno è salvargli la vita, ossia aiutarlo a credere ed ereditare il Cielo. Siamo tenuti a non abbandonare anche tutte le altre opere buone, ma la testimonianza, la preghiera e l'offerta di sacrifici per la salvezza dei non credenti e peccatori non sono nemmeno lontanamente paragonabili ad esse.

Sicuramente non saremo tutti al servizio dell'annuncio della parola, dell'evangelizzazione, ma ciascuno di noi si troverà più volte nella vita nella situazione in cui può aiutare qualcuno a credere e salvarsi. Al servo della Parabola dei talenti di Matteo, colui che ottenne solo due nuovi talenti, ossia colui che riuscì a convertire solo due persone, il suo Signore disse: "Bene, servo buono e fedele! Sei stato fedele nel poco, ti darò potere su molto! Prendi parte alla gioia del tuo padrone." Ma colui che non li aveva fatti fruttare fu chiamato malvagio e pigro. È incredibile quanti cattolici muoiano senza essere mai riusciti a convertire qualcuno e non abbiano paura che sia loro detto che sono stati malvagi e pigri, e che non appartengono al Regno dei cieli!

Sant'Agostino diceva che Dio è tanto grande quanto la nostra fede permette che lo sia. Per esperienza personale, io vorrei aggiungere che Dio è tanto grande quanto lo permette il nostro amore. Nel momento della creazione Dio ci ha dato l'anima a Sua immagine e somiglianza, piena di fede e amore divino. In ciascuno di noi si nasconde un santo, l'incredibile forza dell'amore. Talvolta scopriamo parte di tale fortezza e amore spontaneamente, quando ci troviamo in situazioni in cui senza pensarci rinunciamo a noi stessi per aiutare qualcun altro, anche coloro che non conosciamo o coloro che non ci piacciono. Quante persone hanno messo a repentaglio la propria vita per salvare spontaneamente altre persone che stavano annegando, che si trovavano imprigionate da un incendio o che erano state ferite in guerra... Le reazioni spontanee sanno essere degli ottimi indicatori della nostra vera natura.

L'apostolo Paolo scrive che lo Spirito Santo ci è stato donato per scoprire ininterrottamente ciò che a noi è già stato dato. La santità è già stata data a tutti noi, ma solo con l'aiuto dello Spirito possiamo scoprirla e viverla in noi. I santi non amano tutto ciò che offre il mondo, perché non interessa loro, poiché hanno compreso che non dona loro nemmeno lontanamente la gioia e la pace che ottengono con la partecipazione alla grazia di Dio. Per i santi la mondanità è spesso banale e noiosa poiché sanno che le vere battaglie sono condotte nella sfera spirituale.

La preghiera, il digiuno e i sacrifici, privi del senso che imprime loro lo Spirito Santo, non portano nemmeno una gioia permanente, né una pace duratura, né una soddisfazione continua, e non hanno nemmeno in sé la fortezza ossia la forza di Dio.

L'esempio di Filippo

Nell'ottavo capitolo degli Atti degli Apostoli è descritto l'arrivo di Filippo in Samaria. Allora predicava Cristo compiendo grandi segni: da molti indemoniati uscivano spiriti maligni emettendo alte grida, e molti paralitici e storpi erano guariti. Tutti concordavano nel dire che Filippo disponeva di una grande forza, una grande fortezza e per questo essi accoglievano le fede e si battezzavano. Erano stati battezzati, ma su nessuno di loro era sceso lo Spirito Santo.

Quando gli apostoli sentirono ciò, mandarono là Pietro e Giovanni perché imponessero loro le mani affinché ricevessero lo Spirito Santo. Questo è il fondamento biblico più attendibile del sacramento della confermazione. Lo Spirito Santo viene regolarmente ricevuto con l'imposizione delle mani degli apostoli, ossia dei vescovi che sono i loro eredi. Ma questi Samaritani avrebbero desiderato ricevere lo Spirito Santo se prima di ciò non avessero visto la Sua forza in ciò che faceva Filippo? In ogni sacramento Dio si dà completamente a noi, ma l'efficacia ossia i frutti del sacramento dipendono dall'apertura, dalla disponibilità del cuore della persona che riceve il sacramento (v. CCC 1131), e i Samaritani grazie a Filippo avevano aperto i loro cuori.

Se i candidati alla Cresima avessero l'opportunità di vedere le manifestazioni miracolose dello Spirito Santo attraverso i Suoi doni, molti di loro si rallegrerebbero e lo Spirito Santo, con l'imposizione delle mani del vescovo, si manifesterebbe nelle loro vite. Purtroppo, molti cresimandi guardano i loro amici che si sono cresimati e hanno ricevuto i doni dello Spirito prima di loro ma non notano alcuna differenza in loro, per cui non si aspettano che debba accadere diversamente a loro. Se della loro preparazione al sacramento si occupasse una persona esperta nei doni dello Spirito, che tenesse almeno un seminario di tre giorni, e se i cresimandi avvertissero interiormente l'operato di questi sette doni, sicuramente molti di loro si rallegrerebbero di riceverli nel loro cuore. Il rinnovamento carismatico nel mondo, come pure in Croazia, ha dei seminari molto ben strutturati che preparano alla ricezione dei doni dello Spirito Santo. Se questi seminari precedessero l'imposizione delle mani del vescovo, ossia la somministrazione del sacramento della santa confermazione, tutto potrebbe andare molto diversamente. Molti lo sanno, eppure...

San Francesco Saverio

Ci sono moltissimi credenti che hanno compiuto i miracoli più disparati, persone che hanno fatto risorgere i morti, che hanno guarito anche le malattie più gravi e cacciato gli spiriti maligni, credenti che collaborando con lo Spirito Santo hanno manifestato l'amore di Dio verso i più miserabili e più minacciati, coloro che hanno dato la loro vita per salvare le vite di altri, che hanno unito la loro sofferenza al patimento di Cristo e in tal modo hanno procurato la grazia di salvare molti... Molti lo fanno tuttora.

Posto che questo libro è innanzitutto pensato per i cresimandi, desidero qui menzionare l'esempio di san Francesco Saverio, missionario di Gesù che nel XVI secolo convertì e battezzò un enorme numero di pagani (non credenti). La sua evangelizzazione si basava su ciò che ci aveva prescritto Gesù, ossia sulla manifestazione dello Spirito Santo e le Sue fortezze. In una delle relazioni che era solito inviare ai suoi superiori possiamo leggere che sanava malati, liberava indemoniati e faceva risorgere morti ovunque andasse, e ciò dimostrava essere il miglior metodo di evangelizzazione. In un certo luogo i bisogni da soddisfare erano così grandi che da solo non era fisicamente in grado di raggiungere tutti coloro che infermi, a causa di malattie, attendevano il suo arrivo. Allora radunò un gruppo di giovani dell'età in cui oggi ricevono il sacramento della confermazione, impose loro le mani, pregò e li mandò nei villaggi per annunciare il vangelo, curare i malati e cacciare gli spiriti maligni. Dio attraverso questi giovani non solo guarì molti malati e liberò molti indemoniati ma addirittura alcuni di loro fecero risorgere i morti. Questi giovani e fanciulle guardavano san Francesco compiere simili miracoli ogni giorno per questo non era loro difficile credere che potessero farlo anche loro, specialmente dopo che era stato loro spiegato come Gesù avesse detto che coloro che credevano in Lui avrebbero potuto compiere simili gesta. Se lui avesse imposto loro le mani senza che loro prima avessero guardato come lui compiva i miracoli, molto probabilmente nessuno di loro avrebbe creduto e non sarebbero stati in grado di fare nulla.

Forse qualcuno penserà che per noi oggi tutto ciò non è nemmeno necessario perché abbiamo gli ospedali più all'avanguardia, ma come ho già scritto, il fatto è che anche oggi un enorme numero di persone (molto più di quelle al tempo di Gesù), giovani e anziani, nonostante le cure sanitarie, soffre gravemente e muore di malattie incurabili. Il fatto è che oggi ci sono molte più persone che non credono a Gesù Cristo come il Salvatore e Redentore (oltre cinque miliardi), non vivono come credenti ed è loro fortemente necessaria la conversione. Così pure è un fatto che oggi i non credenti scoprono la grazia di Dio molto più facilmente e che un numero sempre maggiore di non credenti accoglie la grazia della guarigione e della liberazione rispetto ai credenti, poiché talvolta è meglio non essersi fatti alcuna idea di Gesù piuttosto che averne una sbagliata.

Sono profondamente convinto che non esista nessuno al quale nella vita non sarà necessaria la fortezza di Dio e l'aiuto sovrannaturale dello Spirito Santo. Tutti riceviamo questo dono insieme agli altri attraverso il sacramento della cresima, sta a ciascuno di noi decidere se vogliamo aprire, riempire i serbatoi con il carburante idoneo e utilizzarlo per il bene comune e per costruire la Chiesa.

Esempi attuali

Eroi umani

Innumerevoli sono gli esempi di persone sante che hanno letteralmente rinunciato alla loro vita per occuparsi di familiari gravemente malati o con gravi disabilità motorie. Molti di loro si sono occupati per anni, 24 ore su 24, di coloro che senza il loro supporto non avrebbero potuto vivere. Ma avrebbero potuto lasciarli, avrebbero potuto abbandonarli allo Stato affinché se ne occupasse.

Ricordo che in un'occasione sono stato a fare il bagno in una piscina comunale. Non dimenticherò mai ciò che vidi allora. Un padre, sulla settantina, aveva portato a fare il bagno il figlio che aveva una quarantina di anni. Il figlio aveva il fisico normalmente sviluppato, ma aveva enormi difficoltà motorie. Mentalmente era al livello di un bambino di un anno. Suo padre si prendeva cura di lui e si rivolgeva a lui esattamente così: come se avesse avuto un anno di vita. Credo di non aver mai visto un tipo di amore simile tra padre e figlio fino ad allora. Vedevo il padre che, a causa dell'età avanzata, riusciva a malapena a gestire fisicamente il figlio e mi chiesi cosa ne sarebbe stato di suo figlio quando lui non avesse più potuto fare nulla. Ciò che più mi ha impressionato è stato vedere la gioia e la soddisfazione sia nel padre che nel figlio. Non un accenno di disperazione, amarezza, autocommiserazione, vergogna... Credo di non essere stato l'unico a vederlo. Chiunque avesse voluto, lo avrebbe potuto notare. È incredibile come talvolta riconosciamo facilmente Dio e il Suo amore nella sofferenza. Quel padre, ma anche innumerevoli altre persone in situazioni simili, sanno perfettamente cosa è il dono della fortezza. Senza la fortezza divina avrebbero lasciato perdere da tempo.

Il cilindro di luce

Il Vangelo ci racconta che da Gesù sgorgava la forza che guariva ogni malattia e ogni debolezza e che spingeva Gesù a guarire (v. Lc 5,17). Non dimenticherò mai l'esperienza in cui con la forza di Dio, la fortezza di Dio, sono stato guarito dal problema alla colonna vertebrale. La forza di Dio è entrata in me ed ha attraversato tutto il mio corpo, soffermandosi in particolare alla colonna vertebrale. Da tale momento non ho più avuto dolori alla colonna, e da allora sono passati oltre tredici anni. Da allora ho pregato tante volte per le persone con problemi alla colonna, alle anche, alla schiena o alle spalle, e sinceramente molti di loro hanno testimoniato di aver vissuto la stessa cosa: è entrata in loro una forza che li ha guariti. Come è possibile spiegarlo?

Ho letto il libro di uno stregone africano che si è convertito e si è fatto battezzare. Tra le varie cose, nel libro descrive come gli stregoni in Africa uccidono o distruggono in altri modi le vite umane. Gli stregoni sono al servizio di demoni che danno loro capacità sovrannaturali. Una di queste è la capacità di bilocarsi (stare in due luoghi contemporaneamente) e in tal modo raggiungere coloro che si intende danneggiare. Alcuni stregoni sono letteralmente capaci di volare con lo spirito dove vogliono. Alcuni di loro, con il loro spirito, istruiscono animali, come gatti e determinate specie di uccelli, per vedere e udire tramite i loro occhi e le loro orecchie. Di ciò mi sono convinto io stesso più volte. Compiono i loro incantesimi perlopiù di notte, tra le 2 e le 4, sovente esattamente alle 3. I soli che non possono danneggiare sono coloro che conoscono Dio e hanno costruito un rapporto intimo con Lui e coloro che hanno gli angeli custodi che li svegliano quando vedono attaccati i loro protetti. Non a caso gli stregoni possono danneggiare grandemente coloro che dormono sodo. La Chiesa non ci ha insegnato invano a pregare l'angelo custode prima di andare a dormire. Se gli stregoni raggiungono coloro che hanno costruito un rapporto intimo con Dio, vedono che tali persone si trovano come in cilindri luminosi collegati con il cielo. Questa luminosità conferisce loro una incredibile fortezza che nessun incantesimo può penetrare. Negli incontri di preghiera carismatici alcuni individui hanno tale luminosità con la quale, durante la preghiera, sono collegati con il cielo. Quando questi individui si avvicinano a qualche persona per la quale pregano e la toccano, la forza di Dio, la fortezza divina passa alla persona toccata, se tale persona ha il cuore disposto a ricevere. Per questo Gesù ha detto che coloro che crederanno imporranno le mani sui malati e i malati staranno bene. Questa forza è inesauribile poiché giunge dal cielo attraverso un cilindro luminoso e tale forza, dato che è innanzitutto amore, può liberare l'uomo da qualsiasi schiavitù, guarirlo a livello emozionale e curarlo nel fisico. Quanto più intensa è tale luminosità, tanto più bene riuscirà a fare. Molte volte ho visto come le persone semplicemente cadono in uno stato di quiete dello spirito non appena la luce li tocca e comincia a colmarli. Queste persone, mentre giacciono al suolo, hanno allora un proprio tubo luminoso con il quale sono collegati al cielo. Tutti coloro che sono toccati hanno la piena libertà di uscire da tale stato se lo desiderano, ma quasi nessuno di loro lo desidera poiché sentono di trovarsi alla presenza dell'amore di Dio. Ci sono anche di quelli che appena sono toccati da tale luce vengono liberati da varie tipologie di oppressione e reagiscono semplicemente come coloro che Gesù aveva liberato nel vangelo.

Questo tubo luminoso dipende esclusivamente dal rapporto intimo che si ha in quel momento con lo Spirito Santo, e non è assolutamente legato al fatto se uno è un laico o un sacerdote: è indirizzato sia ai laici sia ai sacerdoti, a tutti coloro che credono sinceramente alle parole di Gesù. È interessante il fatto che i santi nelle immagini vengano rappresentati con un cerchio di luce intorno alla testa. Nel momento in cui pregano o servono, tale cerchio si allunga verso il cielo e costituisce il tubo spirituale che li collega con la fortezza di Dio. Più volte ho visto che tale tubo può trasferirsi ad altre persone affinché pure loro possano servirsi della stessa forza, proprio come ha fatto san Francesco Saverio.

La forza nel giorno di san Valentino

La forza o la fortezza dello Spirito Santo è presente in ciascun sacramento e in ciascuna preghiera proferita con le fede del cuore. Tuttavia, accolgono tale forza solamente coloro che si aprono ad essa, solo coloro che dispongono il loro cuore alla sua ricezione, coloro che si preparano all'incontro con il Signore, e specialmente tutti coloro che si affidano sinceramente a Lui. Tale forza, tale fortezza è innanzitutto l'amore di Dio, e per questo può e desidera sconfiggere ogni odio, condanna e assenza di perdono, guarire ogni ferita, curare ogni malattia e liberare da ogni legame peccaminoso. La seguente testimonianza la descrive bene.

Su internet avevo letto che Gesù guarisce. Divoravo le te stimonianze di guarigione che trovavo e ho cominciato a sperare. Desideravo andare a un incontro carismatico, ma erano tutti lontani, e mi dispiaceva chiedere a mio marito di sostenere ancora un'altra spesa. Ho recitato le uniche tre preghiere che conoscevo: il Padre nostro, l'Ave Maria e il Gloria. Ho percepito l'odio che mi portavo addosso straziarmi l'anima e il corpo. Quando mi prendevano i pensieri cattivi sulla famiglia di mio marito o su altre persone, pregavo, solo per levarmi quei brutti pensieri dalla testa. Lo pregavo, Lo invocavo di non lasciarmi! Gli domandavo: "Perché alcune persone ottengono la grazia di vederti rivelato? Per loro è facile credere! Come faccio io, in questa selva di religioni, divinità, opinioni, manifestazioni e interpretazioni a capire chi è nel giusto?"

Una notte, triste e disperata, ho affidato la mia vita al Signore. E finalmente, con il Suo aiuto, ho compreso di non avere il controllo sulla mia vita e tutte le mie illusioni si sono dissolte. Innanzitutto, ho compreso che non posso sfuggire alle mie responsabilità e che vivo le conseguenze dei miei peccati, specialmente il peccato del mancato perdono. Quando mi sono resa conto di quali devastanti conseguenze tale peccato avesse su tutta la mia famiglia, e specialmente sui miei figli, mi sono pentita amaramente.

E infine apro su internet la pagina dei Cristofori e vengo a sapere di un incontro a Osijek. Chiedo a mio marito di andarci e lui acconsente. Ero spaventata, cominciavo a capire che tutta la mia vita era un insulto a Dio e in contrapposizione con i Suoi comandamenti. Ma mi sono aggrappata con tutte le forze alle parole del sig. Lončar quando afferma che Gesù non chiede a nessuno la perfezione prima di essere curato, tutto ciò che ci chiede è di avere fede. Ho raccolto tutta la fede che avevo e sono andata, sapendo che Dio mi avrebbe guardata.

Era San Valentino (...) Si cantava, mi sembrò strano, ma le canzoni mi toccavano veramente il cuore, ciò mi diede l'ulteriore consapevolezza che Dio è buono. Dopo i canti il sig. Lončar disse che ci saremmo raccolti in preghiera e che dovevamo chiudere gli occhi per avvertire più facilmente la presenza di Dio. Allora accadde qualcosa che non mi sarei mai aspettata che succedesse. Chiamò lo Spirito Santo e in quel momento la sala in cui eravamo fu riempita da una forza maestosa, che era al di sopra di noi, come un mantello invisibile. D'un tratto scese su di me e cominciò a stringermi sempre più forte, era quasi intollerabile. Il cuore mi batteva così forte che pensavo che sarebbe balzato via, e mi era preso un tale calore che, come racconta mio marito, ero diventata molto paonazza. Pensai: "Ma che cosa mi succede? Cadrò in uno stato di incoscienza, oppure?" Apro gli occhi, si ferma un poco, li richiudo e riparte di nuovo! Dopo ciò... la pace! Una pace meravigliosa, indescrivibile, senza fine e una gioia, una tale gioia che non puoi fare altro che ridere, che tu lo voglia o no. Ad un tratto sentii che il cuore era colmo dell'amore di Dio, l'amore che letteralmente cura tutte le malattie e aggiusta i cuori spezzati. Subito dopo è seguita la consapevolezza di quanto Lo amassi! E la consapevolezza che Dio è solo amore! E che ama tutte le persone! Nei giorni seguenti continuai ad avere la sensazione che il Signore fosse in me, che gli interessasse ciò che le persone dicevano, che si sorprendesse molto della nostra mancanza di fede, una mancanza che constatiamo nella vita di ogni giorno.

La forza fu davvero lì, proprio come è in ogni sacramento, ma solo coloro che hanno un cuore ben disposto possono avvertirla nella sua pienezza.

IL DONO DELLA DEVOZIONE

A prima vista questo è un dono che pochi giovani desiderano con fervore. Forse perché non hanno mai conosciuto nessuno che trovi veramente piacere nella preghiera, qualcuno per il quale la preghiera è una gioia e una necessità, qualcuno che vive di preghiera, che nella preghiera instaura un rapporto intimo con il Signore.

La preghiera accade alla presenza di Dio, risiede in Lui. Dio è onnipresente e sempre con noi, ma ciò non significa che allo stesso tempo anche noi siamo con Lui. Siamo con Lui, ossia ci troviamo alla Sua presenza, quando concentriamo tutta la nostra attenzione su di Lui.

Dio ci ha chiamati alla santità. Nell'Antico Testamento il termine santità equivaleva dire staccarsi dal mondo e concentrarsi su Dio. Quando rivolgiamo tutta l'attenzione a Dio e alle parole che diciamo, leggiamo, ascoltiamo o quando le meditiamo, allora usciamo coscientemente da questo mondo ed entriamo nella sfera dello Spirito, alla presenza di Dio; allora diventiamo santi, allora Dio ci cambia.

Ai candidati alla cresima non è difficile comprenderlo poiché nel mondo attuale, ricco di giochi online, ma anche di piattaforme come TikTok e altre, i giovani sanno bene che molto spesso si immergono così tanto in ciò che stanno facendo che si dimenticano completamente di ciò che li circonda, smettono di essere coscienti dello scorrere del tempo, non vedono né sentono ciò che accade intorno a loro e spesso non sono nemmeno in grado di distinguere se è caldo o freddo, se hanno fame o sete... Quando la preghiera avviene con il dono della devozione accade una "immersione" similare.

Sia che leggiamo la Sacra Scrittura o che riflettiamo (meditiamo) su qualsiasi cosa legata a Dio, sia che partecipiamo alla santa Messa o all'eucaristia, sia che celebriamo Dio cantando, che facciamo l'esame di coscienza e ci pentiamo, sia che recitiamo il rosario, le litanie o qualche altra preghiera, dovremmo farlo sempre in modo tale da separarci da questo mondo e "immergerci" in Dio.

La presenza di Dio è il più grande beneficio del dono della devozione. Alcuni definiscono tale presenza seducente come l'unzione. Dio desidera che godiamo della Sua presenza per questo ci permette di sentire la Sua pace, gioia, vicinanza, amore, protezione, cura e liberazione; ci dà la possibilità di poter sentire ciò che dice. Questa presenza amorevole, specialmente nei primi anni dopo la rinascita nello Spirito Santo, si manifesta anche attraverso un'esperienza emotiva e fisica. Così, ad esempio, durante la preghiera possiamo sentire un calore piacevole o una brezza rinfrescante, brividi (formicolio) o addirittura tocchi gentili sul capo o sul viso; possiamo vedere a occhi chiusi bellissimi colori iridescenti, sentire una pace e una gioia sovrannaturali... Tutte queste manifestazioni danno a noi uomini la possibilità, in un modo a noi incomprensibile, di sentirci amati e accettati da Dio. Questo amore e questo senso di accettazione ci attirano sempre ad ogni nuova preghiera. Quando diventiamo più maturi nel dono della devozione, la consapevolezza sensoriale si trasforma in consapevolezza spirituale.

Il dono della devozione cambia la nostra personalità completamente e radicalmente. Con la devozione lentamente, ma sicuramente, giungiamo alla sovranità divina e al Suo Regno in alcune parti della nostra personalità. Tale processo è molto simile a quello degli Israeliti quando hanno conquistato la terra di Canaan. Canaan o, come viene ancora chiamata dalla Bibbia, la Terra promessa o la terra in cui scorrono latte e miele, è l'immagine della nostra anima. Immaginiamo la nostra anima come un territorio parzialmente o completamente occupato che va liberato. Le parti di tale territorio che non sono libere rappresentano la parte della nostra natura imprigionata da alcuni errori (arroganza, orgoglio, avarizia, cupidigia, pigrizia, menzogna, intemperanza, libidine, assenza di perdono, disinteresse a Dio...), dipendenze e legami peccaminosi (fumo, alcol, droga, gioco d'azzardo, pornografia, condanna, pettegolezzo, mancanza di perdono...), sentimenti negativi (rifiuto, sgradevolezza, mancanza di valore, colpa...), paure, inquietudini... Dietro ai peccati o alle dipendenze peccaminose, ai sentimenti negativi e alle paure quasi sempre c'è uno stato interiore peccaminoso o sbagliato, perciò il cambiamento (conversione, redenzione, consacrazione, liberazione) quasi sempre è legato ad un cambiamento degli atteggiamenti interiori. Possiamo modificare gli atteggiamenti se li mettiamo a confronto con la parola di Dio nella meditazione. Per questo il dono della devozione è assolutamente impensabile senza il carburante, ossia senza la meditazione della parola di Dio.

L'esempio di Giosuè

La conquista di Canaan agli Israeliti sembrava così improbabile che alla fine solo due di loro, dei 600.000 guerrieri che erano usciti dall'Egitto, arrivarono a Canaan. Agli altri sembrò impossibile, troppo pericolosa o impegnativa e non desiderarono nemmeno tentare.

Morirono nel deserto, mentre i loro figli entrarono a Canaan. Oggi Canaan è un invito alla santità che si vive nella propria anima conquistata da Dio. Pare che la proporzione di coloro ai quali oggi sembra impossibile diventare santi e di coloro che non desiderano nemmeno tentare sia vicina a quella degli Israeliti nel deserto.

Dio, attraverso Mosè, dà istruzioni a Giosuè, il capo del popolo di Israele, affinché li conduca alla conquista della terra di Canaan (v. Gs 1,6-9). Gli dice cosa deve intraprendere se desidera essere felice e avere successo in tutte le sue imprese. Desideriamo anche noi essere felici e avere successo nelle nostre imprese? Ecco le istruzioni. Dio gli chiede di essere audace e coraggioso. Giosuè sa perfettamente che i suoi occhi umani vedranno un nemico che sembrerà imbattibile, ma al tempo stesso "vede" che Dio l'onnipotente è con lui, non gli mancheranno dunque né l'audacia né il coraggio. Talvolta non ci capita di trovarci davanti a problemi senza soluzione? Quanti di noi affronteranno malattie incurabili, problemi finanziari insanabili, una grave depressione, forti sensi di colpa, rifiuto, sgradevolezza, bassa stima di sé? Quanti di noi si confrontano con vari tipi di paure? Quanti di noi lottano con gli errori e i legami peccaminosi senza riuscire mai a vincerli? Infine, quanti di noi prenderebbero veramente in considerazione di affidare la loro vita a Gesù e iniziare così la strada verso la santità? Ecco, dobbiamo avere abbastanza coraggio e audacia per la lotta. Li conseguiremo se smettiamo di guardare le nostre debolezze e cominciamo a guardare la grandezza e la forza di Dio, se smettiamo di preoccuparci del presente e del futuro e cominciamo a preoccuparci dell'eternità.

Per avere successo, Dio ordina a Giosuè di riflettere (pensare, meditare) sulla parola di Dio giorno e notte. Molti leggono questo brano e non si chiedono come sia possibile che un uomo che ha la responsabilità di un popolo così numeroso e un esercito potente, un uomo che deve condurre molte battaglie, con tutti questi impegni, debba meditare sulla parola di Dio, giorno e notte. Oggi, la stragrande maggioranza dei cattolici non legge, non medita la parola di Dio, perlopiù si giustificano dicendo che non hanno tempo per questo, il che è una scusa veramente ridicola. Forse non meditano solo perché nessuno ha loro trasmesso né seminato l'amore e la necessità di fare ciò, nessuno ha loro testimoniato la propria esperienza con la meditazione della parola di Dio, né ha loro insegnato come si fa.

Sicuramente Giosuè doveva usare l'intelletto per la conquista di Canaan, ma è altrettanto certo che il suo spirito era aperto tutto il tempo alle manifestazioni dello Spirito Santo. Ciò gli ha permesso di risolvere ogni situazione illuminato da Dio. In una occasione si è affidato alla logica umana, la situazione sembrava infatti tanto ovvia da farlo pensare che non c'era bisogno della luce di Dio (il consiglio, la sapienza, la saggezza), e ciò si è invece rivelato un grave errore (v. Gs 9,3-16). Nessuna decisione importante dovrebbe essere fondata solamente sulla saggezza umana, non importa quanto logica sembri in una situazione particolare. Solamente lo Spirito Santo può dirci con sicurezza, in preghiera, se qualcosa è davvero buono per noi oppure no.

Esempi attuali

Quando preghiamo, Gesù ci invita a entrare nella nostra stanza e chiudere la porta, poiché desidera essere intimamente in comunione con noi, senza che nulla o nessuno ci disturbi. Gesù desidera che nella preghiera collaboriamo con lo Spirito Santo e che in nome di Gesù chiediamo al Padre ciò che lo Spirito Santo ci ispira. Lui desidera che preghiamo per noi stessi, per i nostri cari, per gli amici e i nemici, e specialmente per coloro che non potranno restituire il favore. Non potranno perché non sapranno nemmeno che abbiamo pregato per loro. Lo sapranno nell'eternità e ci saranno eternamente grati, esattamente come noi saremo eternamente grati a coloro che hanno pregato per noi.

E tuttavia, cerchiamo di fare in modo che la preghiera di intercessione rappresenti solo una piccolissima parte del nostro stare con Dio. Prima di tutto dobbiamo riempire bene il serbatoio di carburante, ossia riempiamo il cuore con la parola di Dio, poiché solamente così sgorgheranno dal cuore pentimento sincero, glorificazione, ringraziamento, rispetto e infine anche l'intercessione efficace.

Lista di preghiere

In un certo momento ho compreso che il mio amore verso Dio e i miei prossimi era grande tanto quanto lo era la mia lista di preghiere. Quando parlo di prossimi non intendo esclusivamente la mia famiglia, tutti infatti pregano per i membri della propria famiglia, ma pure quella categoria di persone della quale parla la parabola del buon Samaritano. Anche oggi passando per strada "casualmente" mi imbatto in coloro ai quali servirebbe il mio aiuto. Così, per esempio, sento che qualcuno è moribondo, che qualcuno è gravemente ammalato, che qualcuno è morto, che qualcuno si sta separando, oppure che qualcuno si è allontanato dalla fede... Ho deciso che non passerò più accanto a queste persone, come i leviti e i sacerdoti della parabola, piuttosto, come raccomanda Gesù, entrerò nella mia stanza e alla Sua presenza pregherò per loro.

Lo Spirito Santo, inoltre, mi ha ricordato il consiglio di Gesù ossia invitare al banchetto coloro che non saranno in grado di ricambiare. In un attimo mi è stato chiaro che Gesù pensava al banchetto del cielo e alla preghiera per salvare i peccatori. Tutti questi poveri, storpi, zoppi, ciechi che Lui ricorda rappresentano persone povere di fede e di amore; persone il cui spirito è storpio, zoppo e cieco (v. Lc 14,13-14). Non potranno essere in debito con noi poiché solo nell'eternità scopriranno che abbiamo pregato, digiunato e offerto sacrifici per loro.

Ho stilato una lista di preghiera nella quale ho inserito tutti i vivi e i morti che riuscivo a ricordare. Per farla mi ha molto aiutato la mia rubrica telefonica, nel cellulare. Non è necessario camminare sulla strada che da Gerusalemme conduce a Gerico per incontrare un uomo che è stato ferito e derubato dai ladri. È sufficiente aprire l'indirizzario del cellulare e "scorrere" dalla lettera A alla Z, ossia vagliare i nomi scritti in essa e per ciascuno di loro chiedersi se ha bisogno o meno della mia preghiera.

Ho poi suddiviso la mia lista di preghiera in più sottoliste:
- lista di quelli attualmente più bisognosi
- lista di familiari, cugini e amici
- lista di sacerdoti e vescovi
- lista di coloro che ho ferito con i miei peccati
- lista di coloro con i quali ho peccato
- lista di coloro che mi hanno ferito
- lista dei morti
- lista dei malati
- lista dei conoscenti...

Ciò che amo di più è entrare alla presenza di Dio e lasciare che lo Spirito Santo mi ispiri la preghiera e mi porti coloro per i quali la preghiera è al momento più necessaria. Talvolta avverto quanto le anime delle singole persone, e particolarmente le anime del Purgatorio, cerchino febbrilmente la mia preghiera. Talvolta è quasi come se i singoli si "spingessero nel pensiero", cercando di farmi pregare anche per loro. Per questo è una buona sensazione quando, durante la preghiera, nella mente si fanno avanti con forza le persone che per anni non ho visto e nemmeno pensato, oppure anime che conoscevo appena. Mi piace specialmente pregare per coloro per i quali presumo che nessuno preghi.

L'attenzione maggiore la dedico comunque a coloro che sono prossimi alla morte. Il Signore me li ha messi in modo particolare nel cuore. Quando sento che qualcuno sta per morire, specialmente uno di quelli che conosco o che conoscevo, non c'è cosa più importante che pregare per la salvezza di tale persona. La parola di Dio dice che si salveranno tutti coloro che invocano il nome di Dio (v. At 2,21; Rm 10,13). Sono profondamente convinto che ciò accada attraverso la preghiera sincera. Con alcuni di loro ho instaurato un'amicizia e coloro che sono morti ho deciso di tenerli a lungo nelle mie preghiere finché nel cuore non sento che sono in cielo. Grazie a Dio, ci sono anche di quelli che, dopo essersi affidati a Dio, sono miracolosamente guariti.

Ho cercato di persuadere molti a fare lo stesso, ossia stilare una lista di preghiera, ma solamente in pochi hanno desiderato farlo. Credo che il motivo sia che manca il carburante. Senza carburante, ossia senza la meditazione della parola di Dio, la preghiera è noiosa e inefficace per cui smettono velocemente.

Coloro che hanno l'abitudine di pregare per altri sanno che la loro vita ha così un senso e più si avvicinano alla fine della loro vita terrena e più sono grati a Dio per tale dono immensamente grande della devozione. Dio ci ha dato questo dono affinché potessimo benedire molti. Al termine della vita c'è una grande differenza tra le anime egoiste che hanno vissuto la vita solo per se stesse e coloro che per molti anni sono stati accanto a coloro che invocavano la misericordia di Dio! Se ci allontanassimo un poco dal televisore, dal cellulare o da qualsiasi altro schermo sul quale buttiamo il tempo limitato che Dio ci ha donato, avremmo tempo più che a sufficienza. Ovviamente, se non fossimo così egoisti...

Personalmente ciò che amo di più è scorrere la lista di domenica mattina quando so che nessuno mi interromperà. Così presento tali anime anche alla santa Messa. La maggior parte dei cresimati ha davanti a sé oltre 3000 domeniche. Si tratta di un enorme potenziale per fare del bene con la preghiera e con la Messa. Spero comprendiate che coloro che lo utilizzano e coloro che rimarranno pigri ed egoisti non avranno nell'eternità la stessa dignità e non saranno ugualmente felici. La domenica è per definizione il giorno del Signore. Il modo migliore per santificarlo nel Suo giorno è aprire il cuore ai tanti che Lui desidera benedire attraverso la nostra preghiera.

I gruppi di preghiera tra amici

Provate a immaginare quanto la vostra vita sarebbe ancora più benedetta se trovaste degli amici con i quali condividere l'impegno di pregare ogni giorno l'uno per l'altro, in modo reciproco. Cosa potrebbe accadere se chiedeste ai vostri amici di formare un simile gruppo? Chissà, forse potreste scoprire che erano solo in attesa di questa richiesta?

Tali gruppi di preghiera tra amici possono formarsi in qualsiasi cerchia di amici, è sufficiente che ci sia un po' di fede nel potere della preghiera e di amore per chi ci sta più vicino. Se fossi un catechista con il compito di preparare i candidati alla cresima, questa sarebbe la prima cosa che farei. I candidati alla cresima dovrebbero imparare preghiere di ogni genere ed essere subito incoraggiati a formare gruppi di preghiera tra amici. Si dovrebbe trasmettere loro la propria conoscenza ed esperienza e il proprio amore per la preghiera e per la preghiera con il gruppo di amici.

Gli specialisti della preghiera

Tra i credenti ve ne sono anche di quelli che sono specializzati nel pregare per determinate esigenze. Alcuni di loro, in un determinato periodo della loro vita, hanno ricevuto un chiaro indizio in merito a chi o per cosa dovevano pregare, mentre altri hanno sviluppato gradualmente, in un determinato periodo, l'amore verso le intenzioni di preghiera future.

Così come ve ne sono di quelli che offrono la maggior parte delle loro preghiere e sacrifici per le anime del Purgatorio. Altri pregano per le chiamate sacerdotali e le vocazioni religiose. Alcuni pregano per la pace nel mondo. Alcuni per la conversione dei peccatori. Alcuni pregano per i malati, alcuni per i moribondi, altri per i bambini non ancora nati, altri ancora per le famiglie in crisi, per gli affamati e i poveri, alcuni pregano per gli evangelizzatori e i missionari... Altri pregano per le intenzioni più disparate.

Tutti questi hanno subordinato parte della loro vita agli altri, l'hanno subordinata a qualche nobile scopo. Ci sono anche persone che digiunano regolarmente, almeno una volta a settimana, per qualche intenzione. Se per esempio una persona per trent'anni prega anche solo 15 minuti al giorno e digiuna una volta alla settimana per le anime del Purgatorio, arriverà all'eternità con oltre 2500 ore spese in preghiera e con più di 1500 giorni di digiuno. Chissà quante anime con gratitudine aspetteranno tale persona in cielo!? Ogni anima del Purgatorio attende con fervore le nostre preghiere, e quelle con maggiore bisogno sono le anime per le quali non prega nessuno. Se non abbiamo mai meditato sul Purgatorio, probabilmente non pregheremo mai con amore e fede per tali anime. Senza meditazione non c'è carburante.

Amore

Il dono della devozione si manifesta nella carità. Se anche pregassimo, digiunassimo e offrissimo sacrifici in continuazione, se anche vendessimo tutto ciò che abbiamo per regalarlo ai poveri, ma non avessimo la carità, allora nulla avrebbe valore. Solo quando entriamo alla presenza di Dio, siamo capaci di rivestirci dell'amore di Dio e trasmetterlo agli altri.

Ricordiamoci di santa Teresa di Calcutta e delle sue sorelle missionarie. A prescindere dalla quantità di mansioni che devono svolgere, per prima cosa trascorrono alcune ore del mattino in preghiera, in eucaristia e adorazione del Santissimo, quindi, quando si sono rivestite dell'amore di Dio, escono per la strada ad aiutare i più vulnerabili. Queste suore si sono spogliate completamente di loro stesse, vivono in grande povertà, dormono poco e lavorano e pregano molto, ed oggi sono l'ordine più benedetto della Chiesa cattolica e non hanno alcun problema con le vocazioni. Dio è colui che invita a prendere i voti, e perché dovrebbe invitare qualcuno dove non c'è vero amore?

Se qualcuno desidera imparare a servire con il dono della devozione, può collegarsi alla nostra Scuola di preghiera o semplicemente pregare qualcun altro che eccelle nella preghiera affinché glielo insegni. Di una cosa sono certo: la preghiera è tutto meno che noiosa.

IL DONO DEL TIMORE
DI DIO

*Quanto è grande chi ha trovato la sapienza, ma nessuno supera **chi teme** il Signore. (Sir 25, 10)*
Perché quanto il cielo è alto sulla terra,
*così la sua misericordia è potente su **quelli che lo temono.***
Come è tenero un padre verso i figli,
*così il Signore è tenero verso **quelli che lo temono**. (Sal 103, 11;13)*

Dio è perfetta carità, per questo molti si chiedono perché si dovrebbe avere timore dell'amore perfetto. L'apostolo Giovanni ha passato tre anni con Gesù ed è stato il discepolo più amato da Lui. Giovanni provava un profondo rispetto per il Maestro, ma quando in tarda età ebbe la visione della Sua glorificazione celeste, si spaventò a tal punto che per la paura cadde ai Suoi piedi come morto

(v. Ap 1,9-18). Tendiamo inconsciamente a paragonare Gesù con noi stessi, ma Lui è incommensurabilmente più grande di qualsiasi uomo e perciò, quando per grazia dello Spirito vediamo o sentiamo solo parte della Sua infinita grandezza e santità, diventiamo automaticamente colmi di timore di Dio. Il timore di Dio è uno dei doni più apprezzati. Secondo la Bibbia, colui la cui vita è segnata dal timore di Dio, è grandemente benedetto. E perché non dovrebbe esserlo!? Tale timore lo possiedono solo coloro che hanno sperimentato la grandezza di Dio.

Uomo dei dolori

Nel 53° capitolo del Libro del profeta Isaia, il profeta ci descrive tutto ciò che Gesù ha fatto per noi. Isaia ha contemplato in visione la passione di Gesù, sei secoli prima che ciò accadesse veramente. Mentre era in contemplazione vide anche la realtà spirituale di ciò che sarebbe effettivamente accaduto e si chiese, a ragione, quante persone nei secoli futuri avrebbero creduto a ciò che lui aveva visto allora. Qui desidero subito dire che, come Isaia ha contemplato la passione di Gesù ancora prima che si verificasse realmente e ha in tal modo partecipato ad essa in anticipo, così anche noi possiamo contemplarla a posteriori e prenderne parte. Non è solo Isaia ad aver contemplato Gesù ma pure Gesù ha contemplato Isaia. Nella sua visione Isaia vide molti che disprezzavano Gesù, Lo rifiutavano e Lo abbandonavano; molti ai quali Gesù non piaceva, che si allontanavano da Lui e decidevano di ignorarlo. Vide che Gesù pagava comunque volentieri con il Suo sangue il castigo per i nostri peccati e la nostra cattiveria, che prendeva su di sé le nostre sofferenze e le nostre malattie, vide che ci guariva con le Sue ferite. Vide che Gesù, morente sulla croce, ebbe la visione di santi, peccatori, malati, sofferenti, moribondi e altri che fino alla fine del mondo Lo avrebbero pregato con fede e che già allora erano stati ascoltati in anticipo. Per questo Isaia scrisse che Gesù aveva già preso su di sé le nostre sofferenze e le nostre malattie, che aveva pagato la pena al posto nostro per i nostri peccati e la nostra malvagità, che ci aveva già guariti con le Sue ferite (v. Is 53,1-5). In senso spirituale, Lui aveva risposto in anticipo alle nostre preghiere. San Giovanni Paolo II nella sua enciclica sull'eucaristia scrive che Gesù ha istituito l'eucaristia affinché, tramite essa, potessimo sempre e nuovamente partecipare a tale unico sacrificio di Gesù che è accaduto una volta sola nella storia. Il sacrificio di Gesù non si ripete, ma io e voi a ciascuna Messa dobbiamo essere consapevoli che in tale momento, quando accogliamo il Suo Corpo, siamo uniti a Lui, che siamo usciti dal tempo e dallo spazio. Al momento della comunione noi, come

Isaia, sempre e di nuovo contempliamo la passione di Gesù con gli occhi dello Spirito e Gesù contempla noi, e così e sempre partecipiamo ad essa di nuovo. Sebbene il nostro intelletto sovente non veda nulla, il nostro uomo interiore assiste alla passione di Gesù. Se con fede nella Sua bontà, durante la Comunione, Gli affidiamo i dolori e le debolezze, le malattie e le paure nostre o altrui... tutto ciò che gli affidiamo Lui lo prenderà su di sé e ne farà ciò che è meglio per noi. Se non Gli affidiamo nulla, non accadrà nulla, torneremo da Messa esattamente nello stesso modo in cui ci siamo arrivati. Purtroppo molti non ne sono consapevoli, solamente perché nessuno ha trasmesso loro tali conoscenze, nessuno li ha "seminati". Per questo durante la Messa, durante il sacrificio di Gesù, come scrive anche Isaia, non vedono nulla di interessante né di utile.

Gesù ha istituito anche il sacramento della confessione. Anche quando confessiamo i nostri peccati al sacerdote ci troviamo, in senso spirituale, innanzi a Gesù che muore sulla croce per noi. Se ci pentiamo, Lui prende su di sé il nostro castigo e ci dà l'assoluzione attraverso il sacerdote. Per tale motivo è bene che prima della confessione ci ricordiamo che dal momento in cui cominciamo a confessare, Gesù ci contempla e ci ascolta dalla croce, e prende su di sé i peccati che gli affidiamo con pentimento. Lui prende su di sé anche le conseguenze del peccato per cui possiamo e dobbiamo presentare il Suo sacrificio al Padre per coloro che abbiamo in qualche modo danneggiato con i nostri peccati. Gesù può trasformare il male o il danno che abbiamo loro causato nella loro benedizione. Quindi, attraverso la confessione Dio ci perdona i peccati, e attraverso l'eucaristia ci libera dalla dipendenza dai peccati e dalle loro conseguenze.

La preghiera che avviene nello spirito non conosce limiti di tempo né di spazio. Possiamo pregare per ciò che è già accaduto, come pure per ciò che deve ancora accadere. Così, per esempio, se qualcuno, che fino a qualche anno fa ci era particolarmente caro, muore all'improvviso senza aver avuto occasione di riconciliarsi, dobbiamo sapere che nel momento in cui si è moribondi Dio, nella Sua infinita misericordia, dà abbastanza tempo ad ogni anima affinché possa invocare il Suo nome e pentirsi dei suoi peccati, anche se il moribondo non si è confessato. La parola di Dio ci dice che saranno salvati tutti coloro che invocano il nome di Dio, ma spesso l'arroganza e l'orgoglio umani, o anche il diavolo stesso, in quell'ultimo momento non consentono all'uomo di umiliarsi innanzi a Dio. Tuttavia, se invochiamo Dio con tutto il cuore, Lui effonderà la Sua grazia su di noi e la persona per la quale preghiamo riceverà la misericordia del Signore, sarà salvata e non finirà all'inferno. Ma riconciliarsi nel sacramento della confessione è una grazia incomparabilmente più grande.

Provate a interrogarvi se Gesù, nel preciso momento della morte di tale persona, vede già voi pregare per la salvezza di tale persona dopo una quindicina di anni o molti di più dalla sua dipartita. Ovviamente sì. In tale momento ha visto non solo voi ma anche tutte le persone che in futuro pregheranno per tale persona, e non c'è alcun motivo per il quale Gesù già allora, in quell'unico momento di agonia, non possa esaudire le preghiere che stanno per avvenire.

Mi piace molto pregare per l'attimo in cui le persone muoiono. Quando entro nello spirito, molto spesso mi sorprendo quando vedo tutti quelli che mi giungono in preghiera. Ho notato che per lo più mi arrivano coloro che si sono tolti la vita. Se non ho potuto essere fisicamente lì al momento della loro morte e intercedere per loro, posso comunque farlo nello spirito, dove non ci sono limiti di spazio e tempo.

Nello stesso modo, noi possiamo già ora pregare per il momento della nostra morte o di qualcun altro. Supponiamo che morirete verso i settant'anni, e che già ora preghiate per l'ora della vostra morte. Del resto, non è forse ciò che facciamo in ogni Avemaria (*... prega per noi peccatori adesso e **nell'ora della nostra morte***)? Quando saremo moribondi, Dio guarderà tutte le preghiere indirizzate al momento della nostra morte, quelle che sono pronunciate prima della nostra agonia e quelle che saranno proferite dopo la nostra morte, e non c'è alcun motivo per cui non dovrebbe ascoltarle se sono pronunciate con fede.

Il nostro essere al di fuori dello spazio e del tempo può essere percepito durante la confessione e la santa Messa come pure mentre si prega. Se ci manca la consapevolezza e se non crediamo a ciò, se non abbiamo ancora fatto l'esperienza di dimorare alla presenza di Dio, dove non ci sono limiti né di spazio né di tempo, questo non significa assolutamente che dobbiamo smettere di provarci. So per esperienza che nulla al mondo può essere più interessante, sorprendente e utile del dimorare alla presenza di Dio. E so che questo dimorare alla presenza di Dio accade a coloro che lo desiderano con tutto il cuore. Io l'ho desiderato con fervore e mi è accaduto, e farò tutto il possibile affinché non finisca mai.

La Chiesa ci incoraggia con forza ad eccellere in tutte le preghiere fin dalla tenera età (meditazione, preghiera interiore, glorificazione, ringraziamento, supplica, intercessione...). Con l'associazione Kristofori abbiamo formato una Scuola di preghiera che viene regolarmente visitata da trecento persone di tutte le età.

Gli evangelisti raccontano che, dopo averlo giudicato, innanzitutto insultarono senza pietà Gesù, Gli sputarono in viso, Lo presero a pugni e calci e Gli tirarono i capelli per umiliarlo il più possibile, quindi Lo legarono al palo e flagellarono senza pietà per infliggergli ancora più dolore. Gesù non protestò né oppose resistenza. Con pazienza e con grande amore pagò il castigo al posto di noi peccatori e si addossò il dolore e tutte le altre conseguenze delle ingiustizie, poiché il peccato è sempre ingiusto verso noi stessi, Dio o chi ci sta vicino. Accettò di essere rifiutato e disprezzato per prendere su di sé il nostro dolore di rifiuto e disprezzo.

Dio ci ama incondizionatamente e rispetta il nostro libero arbitrio in tutto, tuttavia molti, come ho già detto, non Lo desiderano nella loro vita; molti Lo disprezzano, Lo rifiutano, Lo ignorano; per molti non è nemmeno lontanamente accettabile, specialmente come parola incarnata di Dio. Si potrebbe pensare che a rifiutarlo siano gli stolti o i malvagi, invece Isaia ci dà un quadro molto preciso dei tanti cresimandi che dopo la cresima abbandonano la chiesa. La abbandonano perché, come dice Isaia sempre nel capitolo 53, Gesù non è accettabile, poiché non c'è nulla di interessante in Lui, nulla su cui fissare lo sguardo; è ritenuto noioso o impegnativo, e alcuni pensano pure che sia ingiusto. Alcuni Lo disprezzano dal profondo del loro cuore, altri Lo rifiutano, la maggior parte decide semplicemente di ignorarlo, non rispettarlo, non temerlo e non vivere secondo le Sue parole. Vi sono anche di quelli che pensano di poterlo rispettare e non rispettano la Sua Chiesa, ossia il Suo corpo mistico. Senza la Chiesa non ci sono i sacramenti, nei sacramenti Dio si dà completamente a tutti, anche ai più grandi peccatori, e prende su di sé tutto ciò che gli affidiamo con la fede del cuore e con fiducia nella Sua bontà. Molti cresimandi abbandonano la Chiesa principalmente perché nessuno li ha interessati nel modo giusto, nessuno ha offerto loro la propria esperienza di fede e seminato la propria comprensione della fede.

Qual è il senso della vita terrena?

Viviamo la vita terrena affinché con i nostri comportamenti e le nostre scelte di vita possiamo decidere il nostro destino eterno. Dio è perfettamente giusto e imparziale. Lui non desidera che nel Suo regno eterno, come nemmeno all'inferno, alcuno ritenga che la sua posizione sia stata assegnata ingiustamente, non desidera che alcuno pensi che altri stiano immeritatamente (ingiustamente) meglio di lui. Dovremmo sapere che in cielo non saremo tutti ugualmente felici come nemmeno all'inferno saranno tutti puniti allo stesso modo. Se confrontiamo la durata della vita terrena con quella eterna, ottanta anni sono come una minuscola frazione di battito di ciglia. In così poco tempo possiamo costruire una posizione eterna incredibilmente buona in cielo, ma possiamo anche fare scorta di patimenti eterni all'inferno. In cielo la quantità e la qualità della nostra felicità saranno determinate dalle opere che in questa vita terrena abbiamo fatto per amore e con l'aiuto di Dio, e dalle buone intenzioni ispirate dallo Spirito Santo per le quali eravamo in fervore. All'inferno la quantità e l'intensità dei patimenti saranno determinate dai peccati commessi in questa vita terrena (e per i quali non ci si è pentiti) e da occasioni perdute durante le quali avremmo potuto fare qualcosa di buono.

La Bibbia dice che ci salviamo attraverso la fede, che scegliamo da soli tra benedizioni e maledizioni, e per questo se crediamo veramente, con il cuore e la ragione, che con questa vita terrena determiniamo il nostro destino nell'eternità, allora vivremo anche in armonia con tale fede. Dipende solo da noi quanto e come ameremo, quanto e come saremo grati, quanto e come perdoneremo, quanto e come ci sacrificheremo per gli altri; dipende solo da noi il tipo di rapporto intimo che costruiremo con Gesù, lo Spirito Santo e il Padre celeste.

Cosa fareste se per caso vinceste dieci milioni di euro al lotto? Potreste destinare tutto a fini benefici e/o investire nell'evangelizzazione, potreste spendere tutto per voi stessi e per i vostri cari, o potreste decidere di trattenerne una parte e il resto darla via. Oppure rigirando un po' la faccenda: se qualcuno vi uccidesse intenzionalmente con malvagità il fratello o la sorella, cosa fareste? Lo perdonereste oppure lo odiereste fino alla morte? Probabilmente non vincerete alla lotteria, ma sicuramente nella vita un po' per volta butterete una grande quantità di soldi, e per cosa li spenderete dipende solo da voi. Probabilmente nessuno vi ucciderà il fratello o la sorella, ma vivrete innumerevoli situazioni nelle quali Gesù si aspetterà che perdoniate, poiché vi sarà perdonato esattamente quanto voi avete perdonato in vita. Sicuramente avrete molte più occasioni di cui essere grati, e starà a voi decidere se rendere o meno grazie, poiché la Sacra Scrittura dice che gli irriconoscenti non entreranno nel regno dei cieli. In vita potrete leggere, studiare, meditare più volte tutta la Bibbia e in tal modo conoscere molto bene Dio, potrete instaurare con Lui un rapporto intimo e trascorrere più o meno tempo alla Sua presenza. Quanto e come dipende da voi. Potrete pregare per i tanti ai quali la preghiera è veramente necessaria, in particolare modo per i peccatori e le anime del Purgatorio. Quanto, come e per quante persone dipende da voi... Oltre a quanto già enumerato, potete sempre avere tempo più che a sufficienza e molto più del necessario per una miriade di cose che vi renderanno allegri e soddisfatti in questo mondo. Non dobbiamo mai dimenticare che Dio ci ha dato le due più grandi risorse per fare il bene: il tempo e il libero arbitrio. Non dobbiamo mai ingannarci e convincerci di non avere abbastanza tempo o voglia.

Se mettiamo Dio al primo posto, avremo anche tempo, voglia e mezzi in abbondanza.

Se non desideriamo ardentemente il cielo e se non abbiamo timore dell'inferno, ciò significa solamente che non abbiamo ancora incontrato il Dio vivente, che non siamo stati ancora riempiti dello Spirito Santo e non abbiamo provato la santità e la grandezza del Padre; ciò significa che non abbiamo ancora fatto esperienza del timore di Dio. Eppure Dio ci è così vicino e desidera ciò con vigoroso ardore…

Giobbe

Quando nello spirito conosciamo la grandezza e il fascino di Dio, allora la nostra eternità diventa la priorità. Allora cerchiamo di prendere le decisioni vitali in armonia con la volontà di Dio, avendo timore di non ledere l'amore verso di Lui e le persone più care. Quando sperimentiamo il timore di Dio, cominciamo a vivere con saggezza, sappiamo ciò che dobbiamo guardare e ascoltare e cosa no. Per quanta prosperità accumuliamo e per quanto ciò con cui Dio ci benedice diventi attraente per noi, non dobbiamo mai tenere troppo a lungo il nostro sguardo su ciò. Esattamente come faceva Giobbe nell'Antico Testamento. Sebbene Dio lo avesse benedetto e fosse incredibilmente ricco, Giobbe non fissava il suo sguardo sulle sue proprietà. Lui teneva soprattutto lo sguardo su Dio. Tutto ciò che possedeva gli recava gioia, ma tale gioia non superava quella che proveniva da Dio. Il presente non poteva dominare sull'eternità. Coloro che hanno raggiunto l'intimità con Dio sanno che nulla in questo mondo può dare più del semplice legame con Dio, nulla di ciò che è provvisorio può essere paragonato a ciò che è eterno e permanente.

Giobbe aveva il carattere del servitore e tutto ciò che Dio gli aveva dato lo riteneva un mezzo eccezionale per aiutare il prossimo in difficoltà. Il servire, ossia l'aiutare i cari, per Giobbe era più importante del possedere, e per questo Dio lo poté benedire con abbondanza. Quando il possedere viene anteposto al servire, allora diventa idolatria e una minaccia alla nostra salvezza. Osserviamo come Giobbe stesso descrive il suo carattere.

Perché soccorrevo il povero che chiedeva aiuto e l'orfano che ne era privo. La benedizione del disperato scendeva su di me, e al cuore della vedova infondevo la gioia. Ero rivestito di giustizia come di un abito, come mantello e turbante era la mia equità. Io ero gli occhi per il cieco, ero i piedi per lo zoppo. Padre io ero per i poveri ed esaminavo la causa dello sconosciuto, spezzavo le mascelle al perverso e dai suoi denti strappavo la preda. (Giob 29, 12-17)

Ho stretto un patto con i miei occhi, di non fissare lo sguardo su una vergine. (Giob 31, 1)

Se ho negato i diritti del mio schiavo e della schiava in lite con me, che cosa farei, quando Dio si alzasse per giudicare ... Se ho rifiutato ai poveri quanto desideravano, se ho lasciato languire gli occhi della vedova, se da solo ho mangiato il mio tozzo di pane, senza che ne mangiasse anche l'orfano ... Se mai ho visto un misero senza vestito o un indigente che non aveva di che coprirsi, se non mi hanno benedetto i suoi fianchi, riscaldati con la lana dei miei agnelli ... Se ho riposto la mia speranza nell'oro e all'oro fino ho detto: "Tu sei la mia fiducia", se ho goduto perché grandi erano i miei beni e guadagnava molto la mia mano... Ho gioito forse della disgrazia del mio nemico? Ho esultato perché lo colpiva la sventura? Ho permesso alla mia lingua di peccare, augurandogli la morte con imprecazioni? La gente dalla mia tenda esclamava: "A chi non ha dato le sue carni per saziarsi?" All'aperto non passava la notte il forestiero e al viandante aprivo le mie porte. Non ho nascosto come uomo la mia colpa, tenendo celato nel mio petto il mio delitto, come se temessi la folla e il disprezzo delle famiglie mi spaventasse, tanto da starmene zitto, senza uscire di casa. (Giob 31, 13-14, 16-17, 19-20, 24-25, 29-34)

Giobbe ha vissuto esattamente come Dio desidera che viviamo noi. Nonostante la rettitudine della sua vita, offriva regolarmente sacrifici a Dio per i suoi peccati e per i peccati della sua famiglia. Sapeva bene che, per quanto ci impegniamo, in questo mondo provvisorio non possiamo rimanere perfettamente puri, abbiamo sempre bisogno di purificarci. Sapeva che a Dio non importa se ci sporchiamo involontariamente, piuttosto lo disturba se non ci rechiamo da Lui affinché il Suo sangue ci purifichi nuovamente.

Per Giobbe era una gioia aiutare gli altri con tutto ciò che Dio gli aveva dato. Non gli era mai venuto in mente di chiedere nulla in cambio a Dio o a coloro che aiutava. Ma più di ogni cosa era grato a Dio poiché gli aveva permesso di essere di aiuto. Anche per noi dovrebbe essere una gioia poter aiutare gli altri, specialmente perché lo facciamo con ciò che ci dà Dio.

Maria

Nessuno mai in questa vita terrena ha conosciuto la grandezza di Dio come l'ha conosciuta Maria, madre di Gesù. Nessuno mai ha amato Dio e ha avuto un tale rispetto verso di Lui come Maria. Nessuno mai è stato così puro come lo è stata Maria. Maria è stata concepita senza peccato originale, è stata concepita senza peccato e senza peccato è rimasta.

Nessuno mai ha amato tanto e ha sofferto tanto quanto ha sofferto Maria, ovviamente ad eccezione di suo figlio Gesù. Maria era piena di grazia di Dio, e la grazia era strettamente legata alla purezza, alla pace e alla libertà di spirito, a tutto ciò che è contrario a questo mondo. Ogni incontro con il peccato e con l'ingiustizia Le causava dolore. Così pure a noi, che non possiamo nemmeno minimamente paragonarci a Lei, le molte situazioni peccaminose e ingiuste arrecano dolore, molti di noi addirittura non possono guardare le ingiustizie nemmeno in televisione. Tuttavia, il Suo dolore maggiore era sapere che molti di noi rifiutano se stessi, il dono della vita eterna; molti di noi periscono perché non conoscono la verità del vangelo, non hanno il diritto di conoscere Dio (cfr. Os 4,6).

Maria era piena di grazia e non ne era consapevole né tantomeno ci rifletteva. E infatti, molte persone eccezionalmente buone non pensano generalmente di loro stesse in tal modo, non vedono nulla che meriti ammirazione; loro si meravigliano sempre di Dio. Più amano, più hanno necessità di rimanere inosservate. Per questo Maria, madre di Gesù, è rimasta inosservata a molti.

Maria conosceva perfettamente il valore della sofferenza mostrata e unita alla sofferenza di Gesù, di puro amore. Quanto più siamo simili a Lei, ossia quanto più conosciamo Suo figlio, tanto più riconosciamo il valore della sofferenza, del sacrificio del puro amore. Per molti santi la parte più difficile è stata sopportare la "popolarità". Si sentivano meglio quando venivano insultati, perseguitati e giudicati piuttosto che quando venivano ringraziati e celebrati, poiché coloro che hanno timore di Dio riconoscono la loro nullità e non gli passa nemmeno lontanamente per la testa di attribuirsi una glorificazione che appartiene a Dio. Per questo molti di coloro che sono ultimi nel mondo saranno i primi nella vita eterna. Benedetto è il giorno in cui riceviamo tale grazia del timore di Dio a seguito della quale comincia a darci noia la popolarità mondana, e cominciamo ad amare l'abnegazione.

Maria molte volte si è manifestata a determinate persone, ad alcune più volte, e con altri ha instaurato un vero e proprio rapporto materno. È interessante notare che nessuna di queste persone così privilegiate sia stata minimamente risparmiata dalle prove della vita, dalla sofferenza, dal dolore... Dio non ci aveva promesso che ci avrebbe protetto da tutto ciò. Lo stesso Gesù ci ha detto che se Lo avessimo seguito avremmo dovuto aspettarci prove e sofferenze simili alle Sue. Ma ci ha promesso che in tutte queste prove sarebbe stato con noi e che avrebbe dato loro un senso e un felice esito. Per esito felice innanzitutto intende che passeremo attraverso queste prove senza peccare, che potremo volgerle al bene e offrirle per il bene eterno di qualcuno. E ciò che vale sicuramente la pena menzionare è che ogni esperienza simile renderà le persone sempre migliori e più felici. E ciascuna esperienza è un'occasione per accumulare più tesori imperituri che prenderemo nella vita eterna, e questo tesoro è innanzitutto la gioia infinita per aver sfruttato bene il tempo che ci è stato donato.

Dio può mutare in bene anche il peccato per coloro che Lo amano. Se, per esempio, abbiamo peccato di lussuria, anche solo con il desiderio, perché non creiamo una lista di persone che abbiamo desiderato in modo inappropriato e preghiamo e digiuniamo per la loro e la nostra salvezza? Se qualcuno, a qualsiasi titolo, prende parte ad un aborto, perché non pregare e digiunare per coloro che hanno peccato ugualmente, e ancora più per coloro che si apprestano a compiere questo peccato così grave? Se abbiamo irreparabilmente danneggiato qualcuno, perché non ripagarlo con preghiera e sacrificio? Questo tipo di "compensazione" con preghiera e sacrificio si chiama espiazione ed è il segno che si è sviluppato il timore di Dio. Anche noi siamo salvati perché qualcun altro ha pregato e sofferto per noi. Tutto ciò che facciamo, facciamolo con amore e gratitudine, ma anche con timore e rispetto di Dio, poiché sappiamo quanto Lui desideri fortemente salvare quante più anime.

Ad ogni Avemaria diciamo a Maria che Lei e Gesù sono benedetti e preghiamo affinché preghi per noi e per la nostra benedizione. Siamo certi che desideriamo essere benedetti come Gesù e Maria?

Molti giovani sono pronti a ogni tipo di sacrificio e rinuncia pesante per avere una vita migliore qui sulla terra, che consenta loro di avere successo in qualcosa che è per loro importante, per essere accettati e amati. Pensiamo per esempio al sacrificio e all'impegno profuso da eccellenti uomini di affari e scienziati, artisti e sportivi vari. Un celebre santo ortodosso ha affermato che il nemico più grande dell'uomo molto spesso è la brama per il successo e il riconoscimento terreni. Pochi sono quelli che tale bramosia ha avvicinato a Dio.

Il dono del timore di Dio ci aiuta ad essere mansueti. Essere mansueti significa avere la capacità di "addomesticare" se stessi. Addomesticamento è un termine che viene usato principalmente per indicare il cambiamento della natura animale. Nello stesso modo anche l'uomo deve ammansire i suoi sentimenti, desideri, istinti, le sue voglie ancora non redente.

Il timore di Dio ci trattiene dal "gettare" via la vita invano. Il timore di Dio è la forza che non ci permette di far pace con la nostra peccaminosità. Ci libera dall'orgoglio personale e ci aiuta a sollevarci nuovamente quando cadiamo sotto il peccato. Il timore di Dio ci divide dal nostro egocentrismo ed egoismo, ci permette di vivere la vita con gli occhi fissi sull'eternità. Poiché, se noi ci preoccupiamo dell'eternità, Dio si preoccupa dell'oggi e del domani (v. Mt 6,33; Lc 12,31)!

Timore e occhi

I sensi sono la nostra finestra sul mondo, e in particolare modo lo sono gli occhi e le orecchie, in senso fisico e spirituale. Tutto ciò che desideriamo o che bramiamo ci è arrivato attraverso gli occhi e le orecchie. Non possiamo desiderare nulla o bramare alcunché se prima non lo abbiamo in qualche modo conosciuto. Ricordiamoci di Adamo ed Eva e del loro problema con l'albero della conoscenza del bene e del male. Se non avessero ascoltato ciò che il serpente diceva loro sul male, non lo avrebbero bramato e non lo avrebbero fatto. La curiosità spesso può costarci troppo. Ricordiamoci di coloro che hanno provato droga, gioco d'azzardo, alcol, tabacco, pornografia e altro, e che poi ne sono diventati fortemente dipendenti. Quante volte ho sentito nella vita: "A me non accadrà. Molti l'hanno provata e non sono diventati dipendenti." Con i sensi corporei e con la riflessione e l'immaginazione riconosciamo il bene e il male, ma molto spesso non distinguiamo il bene dal male. È buono tutto ciò che ci avvicina a Dio e che ci rende migliori, mentre è male tutto ciò che ci allontana dal cielo e ci rende malvagi.

Attraverso gli occhi e le orecchie arriva il nutrimento delle nostre peculiarità caratteriali, buone e cattive. Siamo noi da soli a decidere quale nutrimento assumere. I due briganti crocifissi con Gesù avevano una scelta: potevano riflettere e ascoltare la maggioranza che insultava e imprecava contro Gesù, o potevano meditare e ascoltare Gesù e i Suoi cari sotto la croce che Lo consolavano e pregavano per Lui. Inizialmente si mostrarono entrambi poco amichevoli verso Gesù, poi uno dei due Lo guardò sotto il giusto profilo e cominciò a pensare in modo diverso. Ciò fu sufficiente per la sua salvezza.

Quando siamo imprigionati da una qualche dipendenza peccaminosa, come la pornografia o il vizio del gioco, ci sembra impossibile dominare un avversario così forte. Per quanto noi tentiamo, per quanto ci pentiamo, ricadiamo nuovamente nell'errore. Ci sembra di lottare nel ring con un avversario mastodontico contro il quale non abbiamo alcuna possibilità. Ovviamente non ne abbiamo... a meno che non lo facciamo morire di fame e riduciamo la sua dimensione e la sua forza, se smettiamo di alimentarlo. Se decidiamo di preservare i nostri occhi e rifuggiamo anche dalla più misera vista, pensiero e immaginazione impuri, il nostro avversario perderà molto velocemente tutta la forza. Ma se lasciamo anche solo per un attimo che gli occhi contemplino ciò che non dovrebbero, se lasciamo che il pensiero o l'immaginazione corrano là dove non dovrebbero, ciò sarà sufficiente perché il nostro avversario sia ben alimentato.

Per preservare gli occhi e le orecchie ci può essere d'aiuto la meditazione sul cielo e sull'inferno, e ancora più il pensiero di ciò che potrebbe accaderci. Chiediamoci quali sofferenze dell'inferno potrebbero risultarci più dure. Possiamo stare certi che Satana, durante la vita, ci studia bene e sa quali patimenti potrà preparare apposta per noi. Provate a fermarvi per un momento e pensare a quanto segue. Datevi sufficiente tempo per vedere con l'immaginazione come patite. Forse un dolore o una sofferenza insopportabili per l'eternità? Un odore insopportabile per l'eternità? L'eterna impossibilità di comunicare con chiunque altro, una terribile ed eterna solitudine? Una paura continua e una terribile sofferenza? O forse tutto ciò insieme? Una simile riflessione e proiezione può aiutarci a diventare saggi ed evitare di consegnarci di nostra volontà nelle mani del diavolo e finire all'inferno. Dopo tale riflessione non sarà un problema perdonare qualcuno, poiché sappiamo che ci sarà perdonato tanto quanto avremo perdonato e soltanto se perdoniamo noi stessi. Non sarà per noi un problema preservare i nostri occhi poiché sappiamo che il peccato potrebbe imprigionarci e, infine, non sarà un problema comprendere seriamente che siamo responsabili della nostra salvezza.

Ancora più importante è riflettere sulla vita celeste. Quale eterna avventura ci attende nell'infinitamente grande e complesso regno di Dio? Che cosa ha in serbo Dio per coloro che Lo amano, cos'è *ciò che l'occhio non ha visto e il cuore non ha ancora pensato?* Come saranno questo nuovo cielo e questa nuova terra? Quale posto avremo nella moltitudine di coloro che saranno tra i più piccoli e i più grandi nel regno di Dio? Perché Gesù ci spinge a raccogliere quanti più tesori per la vita eterna? Perché Gesù dice che alcuni regneranno con Lui e alcuni saranno sacerdoti? Quale dignità porteremo nell'eternità? Se il regno dei cieli è già tra noi, allora sono tra noi pure coloro che sono già arrivati in cielo. Sappiamo che i santi non conoscono noia poiché ci aiutano, ma cosa ne è di coloro dei quali non sappiamo che sono diventati santi e che pertanto non preghiamo? Cosa fanno, come possono aiutare? La Bibbia ci dice che risorgeremo con il corpo, ossia che avremo il corpo come lo aveva Gesù quando si è manifestato dopo la resurrezione. Non era forse favoloso che Gesù potesse trovarsi in più posti contemporaneamente, e manifestarsi ovunque Lui volesse? Desideriamo anche noi tale libertà o sceglieremo piuttosto un vincolo eterno e la solitudine nell'inferno? Cosa dicono coloro che con le visioni hanno avuto occasione di incontrare Gesù, Maria, qualche santo o angelo? Hanno desiderato vivere dove vivono loro? Pensando in tal modo in merito al cielo, lentamente ma sicuramente alimenteremo il nostro desiderio per il cielo. Nessuno prova questo desiderio se prima non lo ha in qualche modo alimentato, e il modo migliore per alimentarlo è meditare sulle parti della Sacra Scrittura che parlano del regno dei cieli e della testimonianza dei santi ai quali è stato dato visitare il cielo e descriverlo almeno in minima parte. Riflettere e imaginare sono i modi in cui dovremmo pregare più spesso.

Quindi, coloro che hanno il dono del timore di Dio hanno imparato a preservare il loro cuore ed evitare di guardare, ascoltare, riflettere e sognare ciò che non fa bene alla loro anima.

Perciò la Bibbia menziona in tante parti quanto siano benedetti coloro che hanno timore di Dio.

IL DONO DEL CONSIGLIO

Numerosi passi dell'Antico Testamento ci rimandano al fatto che i re di Israele, come pure altre persone, cercavano consiglio da Jahvè. Ecco come Isaia racconta la nascita di Gesù:

Perché un bambino è nato per noi, ci è stato dato un figlio. Sulle sue spalle è il potere e il suo nome sarà: Consigliere mirabile, Dio potente, Padre per sempre, Principe della pace. (Is 9, 5)

La cosa interessante è che Isaia chiama Gesù innanzitutto "consigliere mirabile". Infatti, Dio desidera essere per noi un consigliere piuttosto che un re e un padrone (cfr. Is 1, 26).

Quando qualcuno, così come Dio, ci dà un consiglio, noi possiamo accettare o rifiutare tale consiglio. Il consiglio non è un comando, quanto piuttosto un tipo di indicazione che in una determinata situazione ci può aiutare. Lo Spirito Santo non ci impone nulla con la forza, rispetta sempre la nostra libera volontà. Quando ascoltiamo i consigli di Dio, sicuramente siamo benedetti, e se non prestiamo loro abbastanza attenzione, ci accade questo:

... non hanno accettato il mio consiglio e hanno disprezzato ogni mio rimprovero; mangeranno perciò il frutto della loro condotta e si sazieranno delle loro trame. (Prov 1, 30-31)

Ma non è solo lo Spirito Santo a parlarci. Anche il diavolo lo fa. Molto spesso accettiamo il consiglio che ci piace di più, a prescindere da dove arriva. Guardiamo l'esempio dell'apostolo Pietro. Prima gli parlò il Padre dei cieli.

Gesù, giunto nella regione di Cesarea di Filippo, domandò ai suoi discepoli: "La gente, chi dice che sia il Figlio dell'uomo?" Risposero: "Alcuni dicono Giovanni il Battista, altri Elia, altri Geremia o qualcuno dei profeti." Disse loro: "Ma voi chi dite che io sia?" Rispose Simon Pietro: "Tu sei il Cristo, il Figlio del Dio vivente."

E Gesù gli disse: "Beato sei tu, Simone, figlio di Giona, perché né carne né sangue te lo hanno rivelato, ma il Padre mio che è nei cieli." (Mt 16, 13-17)

Per Pietro non fu un problema ascoltare ciò che il Padre dei cieli gli suggeriva poiché lui stesso desiderava vedere in Gesù il Messia, il figlio del Dio vivente. Ma chi non avrebbe desiderato essere intimo con il Cristo, ossia con il Messia, il futuro padrone di tutto il mondo, come allora Pietro pensava che sarebbe stato Gesù?

Subito dopo ciò accade questo:

Da allora Gesù cominciò a spiegare ai suoi discepoli che doveva andare a Gerusalemme e soffrire molto da parte degli anziani, dei capi dei sacerdoti e degli scribi, e venire ucciso e risorgere il terzo giorno.

Pietro lo prese in disparte e si mise a rimproverarlo dicendo: "Dio non voglia, Signore; questo non ti accadrà mai".

Ma egli, voltandosi, disse a Pietro: "Va' dietro a me, Satana! Tu mi sei di scandalo, perché non pensi secondo Dio, ma secondo gli uomini!". (Mt 21,23)

Pietro non desidera accogliere l'affermazione di Gesù secondo cui Israele rifiuterà e ucciderà il Messia. Lui desidera che Gesù diventi re e governi Israele e tutto il mondo. Desidera avere il suo posto nel regno terreno di Gesù e per questo accetta facilmente il suggerimento di Satana e consiglia a Gesù di non farsi uccidere.

Qui vediamo come in determinate situazioni siamo pronti ad avere fede in Dio, e in altre nel diavolo, senza nemmeno rendercene conto. Difficilmente sentiremo il consiglio di Dio legato a quelle aree della nostra vita che non siamo ancora pronti ad affidare a Dio, che non sono ancora redente o illuminate. Pietro non poteva né desiderava accettare il fatto che la morte violenta di Gesù sarebbe stato un bene per Gesù e per lui. Possiamo stare certi che in quel momento il Padre parlava a Pietro, ma a causa della sua mancanza di fede lui non poteva nemmeno sentirlo mentre per il diavolo non era assolutamente problematico comunicare con Pietro e fargli recepire il suo suggerimento. Possiamo solo immaginare in quali campi della nostra vita il diavolo ci consiglia con successo! Dei suoi consigli sono particolarmente consapevoli coloro che lottano con le dipendenze o sono legati a qualsivoglia peccato. Non appena si offre l'opportunità, si manifesta loro nei pensieri una voce silenziosa che consiglia di sfruttare l'opportunità e chinare il capo.

Se cercate o date consiglio

Dio è colui che dà consigli attraverso il Suo Spirito. Solo colui che ha un rapporto intimo con lo Spirito Santo è capace di sentire e riconoscere ciò che Lui ci dice.

Quando si danno consigli bisogna essere responsabili verso coloro ai quali si presta consiglio. Colui che dispensa consigli deve chiedersi sempre quale danno potrebbe causare il suo consiglio se non è ispirato dallo Spirito Santo. Quando qualcuno dà un consiglio dovrebbe specificare se è il risultato di una sua conoscenza, esperienza, riflessione o comprensione delle cose, oppure se il consiglio è il risultato della preghiera nella quale lo Spirito Santo gli ha parlato. Se vi trovate nella situazione di necessitare di un consiglio spirituale, chiedete liberamente a colui dal quale cercate consiglio se è sicuro di tale consiglio e da dove gli è arrivato. Evitate consiglieri che sono "troppo certi", specialmente coloro che offrono consigli a tutti.

Il dono del consiglio è qualcosa che cresce nell'arco di tutta la vita. A prescindere dal fatto che cerchiamo un consiglio per noi o per altri, esso dipende certamente dal nostro legame con lo Spirito Santo, e dalla nostra conoscenza di Dio e delle Sue parole. La Bibbia è piena di persone che si sono trovate in diverse circostanze della vita. Facendo riferimento ad essa possiamo vedere in quale modo Dio ha operato in molte situazioni concrete. La Bibbia, ad esempio, in oltre 1200 passi si esprime in merito al possesso di denaro e beni, e non c'è situazione in cui non possa darci un buon consiglio, se lasciamo che lo Spirito Santo ci rammenti determinate citazioni bibliche. È interessante notare come, nonostante la Bibbia abbia dato tanti buoni consigli, molti cristiani abbiano "separato" il loro lavoro e i beni materiali dal loro rapporto con Dio.

Spero che comprendiamo come il dono del consiglio dipenda dal riempimento dei serbatoi spirituali, ossia dal nostro rapporto intimo con Gesù attraverso la meditazione della parola di Dio. Ecco un esempio.

Una volta mi chiamò una ragazza chiedendomi di pregare per lei poiché desiderava che analizzassi il suo caso alla luce di Dio: voleva un consiglio circa il suo futuro marito. Stava con un ragazzo che intendeva chiederla in sposa. Il ragazzo sembrava la persona ideale, e tuttavia lei aveva una sensazione inspiegabile che qualcosa non fosse a posto. Ciascuno di noi, a prescindere dalla cosa in sé, talvolta ha avuto una simile sensazione, per quanto le circostanze sembrassero ideali. Questa leggera sensazione che qualcosa non è a posto molto spesso è la voce dello Spirito Santo che tenta di avvisarci di qualcosa.

Sono entrato in preghiera e nel pensiero mi è arrivato un fatto del passato del popolo di Israele che chiedeva instancabilmente a Dio di indicare un re. Ho capito immediatamente cosa lo Spirito Santo desiderava dire. Infatti, Dio sapeva che per loro ciò non era bene e li consigliò di non cercare un re, ma dietro loro insistenza alla fine diede il re Saul. Saul in tutta la sua apparenza era un uomo che, a giudizio degli uomini, ogni popolo avrebbe desiderato come re, ma accadde esattamente l'opposto.

Le dissi che non mi sembrava una decisione saggia sposare quel giovane. Non so con certezza per quale motivo, poiché solo Dio conosce il cuore degli uomini e sa ciò che ci accadrà in futuro. Le consigliai di rompere con quel giovane o quanto meno di conoscerlo meglio prima di prendere tale decisione. Mi ascoltò, lo conobbe un po' meglio e poi ruppe la relazione con lui. In seguito si è sposata con un altro giovane con il quale ha un matrimonio benedetto.

Quindi, lo Spirito Santo ci dà consiglio nelle esigenze più disparate ricordandoci determinate situazioni della Sacra Scrittura. Ovviamente, se abbiamo inscritto nel nostro cuore la Parola in essa scritta.

Quando mi chiedono un consiglio, perlopiù dico ciò che farei io se fossi al posto loro, per quanto riguarda tutto ciò che anche senza lo Spirito Santo possiamo sapere che dobbiamo fare. Così, per esempio, se hanno problemi coniugali, consiglio loro libri che potrebbero leggere per imparare come amare e rispettarsi reciprocamente, oppure suggerisco loro di andare a fare un weekend insieme o qualche altro corso sul matrimonio, o addirittura un buon terapeuta di coppia. Ovviamente li consiglio di pregare e digiunare di più, e specialmente di leggere la Sacra Scrittura. Questi sono consigli che darei a qualsiasi coppia di coniugi, a prescindere se hanno problemi matrimoniali in quel momento. Per quanto riguarda il loro problema concreto, dico loro che pregherò lo Spirito Santo e che Lui, se lo desidera, mi dirà qualcosa in più di ciò che si potrebbe sapere leggendo un libro, andando ad un corso o in terapia. Per questo talvolta mi servirà più tempo, visto che i problemi non spuntano fuori da un giorno all'altro, non bisogna nemmeno sperare che possano essere risolti in breve tempo. Quindi, quando abbiamo un problema, non dobbiamo aspettarci che Dio con la bacchetta magica ce lo faccia sparire solo perché diremo un mucchio di preghiere. Dio spesso desidera che noi stessi partecipiamo alla risoluzione dei nostri problemi e che con l'aiuto dello Spirito Santo vediamo dove stiamo sbagliando e come poter essere migliori. Molti non ricevono mai consigli dallo Spirito Santo poiché nel loro profondo non desiderano cambiare nulla; desiderano solo che tutto ciò che è intorno a loro cambi per farli stare meglio.

Quando qualcuno mi chiede consiglio per trovare l'anima gemella per il matrimonio o che io preghi per ciò, la mia risposta è sempre la stessa. Poiché, quanto meglio ci prepariamo al matrimonio, maggiori saranno le opportunità che lo Spirito Santo porti qualcuno nella nostra vita e maggiori sono le chance di conoscere tale persona e mantenerla per tutta la vita, rendendo il nostro matrimonio un successo.

Ognuno di noi può dare consigli anche sulla base delle proprie esperienze. Se diciamo: "Quando ero in una situazione simile alla tua, mi ha aiutato..." oppure: "Conosco una persona che era nella tua situazione e che ha risolto il suo problema in tale modo..." Testimoniare le proprie esperienze o le proprie difficoltà può essere un consiglio molto buono, ma esiste sempre la possibilità che in quella concreta situazione non sia la soluzione giusta, per cui bisogna pregare lo Spirito Santo e cercare pure il Suo pensiero.

Sulla base delle mie esperienze sino ad oggi, desidero dare ai lettori alcuni consigli per la vita. Si basano tutti su ciò che lo Spirito Santo mi ha consigliato fino ad oggi. Di alcuni ho già parlato, ma vale la pena ricordarli di nuovo.

1. Conoscere Gesù

Se non conosci Dio, non puoi avere fede in Lui. Chi ha visto Gesù, ha visto anche il Padre e lo Spirito Santo, e di Gesù si può vedere certamente nella Sacra Scrittura, specialmente nei vangeli. Chiunque desideri conoscerlo, può meditare e ascoltarlo nelle più disparate situazioni della vita. Per conoscerlo, basterebbe solo leggere con attenzione tutti e quattro i vangeli, in tal modo potremmo già dire di conoscerlo molto bene. Quanto più mediteremo su ogni singolo episodio descritto, e ce ne sono oltre 150, tanto più Lo conosceremo. Molti cresimandi non si concederanno mai l'occasione di conoscerlo, non leggeranno mai i quattro vangeli, queste Sue brevi quattro biografie poiché Satana avrà loro suggerito con successo di non farlo, spesso mentendo su di Lui. Ovviamente, gli crederanno per lo stesso motivo per cui Pietro gli aveva creduto. Andranno al giudizio innanzi a un Dio sconosciuto, quando potrebbero essere innanzi ad un amico. Moriranno nel timore e nelle difficoltà, mentre potrebbero essere circondati da pace e amore, se solo cambiassero come Pietro. Nessuno dei cresimandi è così sciocco da non poter conoscere Gesù attraverso i vangeli; ovviamente se lo desidera. Se Lo conoscete così, allora quando Lo chiamerete affinché entri nella vostra vita, sarete anche pieni di Spirito Santo. E i Suoi doni si attiveranno così nella vostra vita.

2. Essere discepoli per tutta la vita

Gesù ha dato un ordine ai Suoi apostoli: che ci facessero tutti Suoi discepoli (v. Mt 28,19). Non impareremo mai ad amare alla perfezione né tanto meno a rispettare noi stessi, Dio e chi ci sta vicino, e per questo dobbiamo continuare ad imparare per tutta la vita. Impariamo per prima cosa leggendo, meditando, ascoltando e riflettendo su ciò che abbiamo visto, sentito e letto. Se lo facciamo con sincerità, per conoscerlo meglio e affinché ci renda uomini migliori, lo Spirito Santo sarà sicuramente presente in tale processo. La meditazione, l'ascolto, la riflessione e l'immaginazione susciteranno in noi determinate emozioni e una voglia positiva, e con l'aiuto dello Spirito Santo distruggeremo i vecchi atteggiamenti per costruirne di nuovi, e in tal modo diventeremo lentamente ma sicuramente persone nuove, più felici. Gesù ci ha ordinato di amarci gli uni gli altri, proprio come Lui ha amato noi, e ci ha amato soprattutto usando i sette doni dello Spirito Santo. Nei vangeli sono descritte molte situazioni che ci aiutano, meditando su di esse, a imparare come utilizzare tali doni.

3. Indirizzare il proprio sguardo sull'eternità

Siamo qui per determinare il nostro destino eterno con le nostre scelte di vita. Quanto prima cominciamo a meditare (leggere, riflettere, pensare, immaginare) sull'avventura incredibilmente bella e sorprendente del cielo e sull'orrore dell'inferno, tanto prima impareremo ad amare, rispettare, perdonare, aiutare, ringraziare... A nostra disposizione abbiamo un tempo limitato e volontà libera illimitata. Riflettiamo bene se desideriamo arrivare all'eternità dopo una vita all'insegna di egoismo ed egocentrismo oppure se nell'eternità saremo immensamente felici per aver utilizzato bene il tempo che ci era stato donato.

4. Trascorrere del tempo alla presenza di Dio

Dio è sempre con voi, ma voi siete con Lui solamente quando lo desiderate veramente. Quando rivolgete la vostra attenzione su di Lui partecipando alla liturgia, leggendo e riflettendo sulla Sacra Scrittura, ringraziandolo, glorificandolo... allora vi trovate alla Sua presenza. Quanto più Lo focalizzate e quanto più tempo trascorrerete così, tanto più sentirete di essere amati e accettati, tanto più cercherete la Sua pace, il Suo amore e la Sua gioia. Quando siete alla presenza di Dio, quando siete in una specie di infusione spirituale nella grazia di Dio, allora siete il tralcio che trae linfa vitale dalla vite e che porta frutti in abbondanza (v. Gv 15,4-7).

Potete sempre trovare il modo che vi soddisfa di più per focalizzarvi più facilmente su Dio. Talvolta sarà necessario trascorrere più tempo alla presenza di Dio affinché l'infusione della Sua presenza possa guarirvi dalle ferite ricevute e riempirvi di forza per la vita, talvolta sarà sufficiente trovare un paio di minuti alcune volte al giorno per riposarvi e rigenerarvi all'amorevole presenza di Dio.

5. Pellegrinaggi

Almeno una volta all'anno trascorrete minimo tre-quattro giorni di fila alla presenza di Dio. Il posto ideale per farlo è un luogo di pellegrinaggio, come San Giovanni Rotondo, Lourdes, Fatima o Medjugorje. Medjugorje offre così tanti spunti che la vostra attenzione sarà rivolta a Dio per tutti i giorni di pellegrinaggio. Alla maggior parte delle persone sono necessari almeno tre giorni di infusione spirituale per disporre il loro io interiore ad accettare la grazia. Le sante messe, la confessione, il pentimento, la salita meditativa e di preghiera sul Colle delle apparizioni e al Križevac, le varie lezioni e devozioni, e soprattutto la preghiera del cuore nella quale, con parole vostre, parlate a Dio, vi doneranno nuova gioia, pace e forza per la vita quotidiana; la fede, la speranza e la carità cresceranno in voi e diventerete persone sempre migliori; avrete maggiore dignità. In tre giorni, o ancora meglio quattro, farete un pieno di rifornimento per i vostri serbatoi che vi servirà a lungo.

6. Ascoltare l'angelo giusto

Ognuno di noi ha un angelo di Dio incaricato di aiutarci a conquistare il cielo (v. Eb 1, 13-14), come pure ha un angelo caduto (spirito del male) che ci segue e ha il compito di allontanarci da Dio e dal cielo per farci andare all'inferno, e ciò, per quanto è possibile, già in questa vita (Ef 6, 11-18). L'angelo custode ci spinge verso il bene, mentre l'angelo malvagio ci conduce al male e al peccato mostrandoceli come cose buone. Come ho già detto, è bene tutto ciò che ci avvicina a Dio e al cielo, mentre è male tutto ciò che ci allontana da Dio e dal cielo. L'angelo malvagio si impegna molto per sopraffare la voce silenziosa della coscienza, dell'angelo custode e dello Spirito Santo. Ogni volta che pensiamo di dover evitare qualcosa di peggiore o di fare qualcosa di buono, lui ci dà contro argomentazioni forti e molto logiche. Se desiderate verificarle, prendete i vangeli tra le mani e leggeteli ogni giorno per conoscere Gesù. Ogni risposta argomentata, ogni inquietudine fisica ed emotiva che vi arriverà in pensiero verrà da lui, dallo spirito maligno. Se ignorate le sue risposte e vi focalizzate nella meditazione di ciò che leggete, sentirete come l'angelo di Dio vi aiuta a vedere ciò che molti non accetteranno mai.

7. Pregare fuori dal tempo e dallo spazio

Durante la preghiera dovete essere consapevoli che essa vi pone al di fuori dello spazio e del tempo, che pregando potete influenzare il passato, il presente, il futuro e l'eternità. In ogni preghiera diventate consapevoli che Dio vi guarda e vi ascolta con interesse. Imparate a rendergli grazie, lodarlo, glorificarlo e benedirlo. Rendendogli grazie inscriverete il Suo bene nel cuore, lodandolo e glorificandolo crederete alla Sua infinita potenza, e benedicendolo renderete benedetta la vostra vita. Nella vostra lista di preghiere assicuratevi di avere almeno alcuni di coloro per i quali pensate che nessuno preghi. Sono certo che avete amici o conoscenti che stanno in famiglie nelle quali non prega nessuno. Quando sentite che qualcuno è prossimo alla morte, ricordatelo più spesso nelle vostre preghiere. Ricordatevi che riceverete nella stessa misura in cui avrete dato.

8. Cambiare la propria vita in meglio

Se pregate molto, ma siete ancora insoddisfatti, delusi, spaventati, dispiaciuti o in una situazione dalla quale vorreste uscirne ma non ci riuscite, dovete cambiare la vostra preghiera e il nutrimento spirituale con il quale vi alimentate (libri, lezioni e simili). Talvolta è necessario cambiare anche la compagnia, poiché se tutti vanno nella stessa direzione dovete scendere quanto prima da quell'autobus. Evidentemente non vi sta portando dove vorreste.

Dato che conosciamo le nostre debolezze e peccati, talvolta ci è molto difficile pregare con la fede del cuore per noi stessi, ma possiamo pregare senza problemi per altri. Perciò cercate tre o quattro amici con i quali concordare di pregare ogni giorno l'uno per l'altro. Già il fatto di sapere che qualche amico prega regolarmente per voi, ma anche che voi pregate per loro, vi porterà tanta pace interiore e soddisfazione.

9. Entrare in qualche gruppo

Se desiderate veramente progredire nei doni dello Spirito Santo, la cosa migliore è entrare a far parte di un gruppo carismatico, dato che il movimento carismatico promuove specialmente l'uso dei doni dello spirito. Potete trovare i dati sulle comunità nelle vostre vicinanze visitando il sito www.charis.international oppure www.rinnovamento.org. Queste comunità si incontrano principalmente una volta a settimana e quasi regolarmente offrono corsi per i nuovi affiliati. Forse sarebbe bene visitarne alcune, se vivete nelle vicinanze, e poi decidere quale vi sembra più utile per voi.

Se non siete tipi da comunità, forse potete entrare a far parte di una scuola di preghiera (corso) grazie alla quale, oltre che imparare diversi tipi di preghiera (meditazione, preghiera interiore, intercessione), potrete comprendere come collaborare con lo Spirito Santo nella preghiera attraverso i doni ricevuti con la cresima. La scuola vi renderà capaci di continuare ad imparare fino alla fine della vita. Si tratta di gruppi di quattro - sei persone che si riuniscono una volta a settimana (possibilmente anche *online*) per circa due ore.

Se trascorrete anche solo alcuni anni in un simile gruppo, sicuramente svilupperete le capacità per la vostra successiva vita spirituale.

10. Partecipare regolarmente alla s anta Messa e alla confessione

Infine, il consiglio più importante: che la santa Messa e la confessione siano sempre la vostra priorità. La santa Messa è la fonte e l'apice della vita spirituale, ma solo per coloro che hanno imparato perché e come partecipare ad essa. Ho già ricordato che Gesù ha instaurato l'eucaristia che ci permette di partecipare tante volte al Suo sacrificio che si è svolto una volta sola. Sebbene con ogni preghiera si possa arrivare a Gesù, solo attraverso la benedizione del Suo corpo possiamo prendere veramente parte al Suo sacrificio. Dio non potrà mai farsi più vicino a noi in questa vita terrena in nessun altro modo e posto. Quanto riusciremo ad accogliere della Messa dipende innanzitutto dalla disponibilità del cuore, ossia da quanto effettivamente desideriamo benedire noi stessi o qualcun altro partecipando al sacrificio di Gesù. Se siamo venuti a Messa e non abbiamo deciso nel cuore per chi e con quali intenzioni offriremo al Padre il sacrificio di Gesù, allora abbiamo sicuramente perso una grande occasione. Se solo sapessimo quanto, con una singola Messa, possiamo aiutare qualche anima, soprattutto quelle del Purgatorio, non perderemmo nemmeno una Messa quotidiana, e ancor meno una Messa domenicale o festiva.

Andiamo a Messa anche per riconoscere le nostre debolezze e impotenze, per celebrare, ringraziare e benedire Dio, per pregare per i bisogni nostri e di altri, per ascoltare la parola di Dio e ricevere Gesù come Dio e uomo, per trascorrere con lui i minuti nei quali è presente in noi, essere partecipi di lui, affidare al Padre coloro per i quali siamo venuti ad offrire il sacrificio di Gesù. Se desiderate saperne di più e capire come partecipare in modo proficuo al santo sacrificio della Messa, consiglio il mio libro *La Messa. Perché e come*, non tanto perché io ne sono l'autore quanto piuttosto perché l'ho scritto affinché chiunque possa comprenderla. Il libro è comodamente acquistabile su *www.amazon.it*.

Purtroppo, so che probabilmente né catechisti, né genitori, né parroci e forse nessun altro ha mai condiviso efficacemente con voi la sua esperienza, né vi ha dato in modo efficace le conoscenze necessarie per partecipare in modo proficuo alla santa Messa. Probabilmente nessuno vi ha affascinato abbastanza con la santa Messa. Non è necessario puntare il dito contro nessuno, se prestassimo attenzione, se ci focalizzassimo al massimo su ogni singola parola che sentiamo a Messa o che pronunciamo, dopo alcune messe molto di ciò ci sarebbe più chiaro e raggiungeremmo già un'esperienza spirituale sufficiente a spronarci a continuare.

Durante la santa Messa possiamo usare tutti i sette doni poiché Dio, durante la santa Messa, ci parla e chiaramente abbiamo l'occasione di lottare e sconfiggere il mondo e il diavolo.

11. Prestare attenzione ai sogni

Prestate attenzione ai sogni peculiari e ricorrenti ma anche a quelli che vi ricorderete chiaramente al risveglio.

Ci sono dei buoni libri cristiani che possono aiutarvi a capire i sogni, alcuni li comprenderete anche da soli se riflettete abbastanza su di essi. Tali sogni dovrebbero spingervi a trascorrere più tempo alla presenza di Dio, sia che cerchiate protezione o qualche altra benedizione, sia che veniate a pentirvi e pregare per liberarvi da alcune dipendenze peccaminose o per ringraziarlo. Dio ci rende persone migliori tramite i sogni. Ciò che non riusciamo ad accettare nel cuore da svegli, spesso riusciamo a farlo nei sogni. Così, per esempio, ho sognato più volte di pregare per i problemi per i quali sino a quel momento non avevo trovato alcuna soluzione o abbastanza fede per risolverli con la preghiera. In sogno riuscivo a risolvere tali problemi senza alcuna fatica, e dopo il sogno riuscivo anche da sveglio a risolverli con semplicità. Ogni qual volta sogno qualcuno, so di dover pregare per tale persona. Talvolta so precisamente per quale motivo, altre volte vengo a conoscenza dei problemi che ha avuto solo dopo un po' di tempo. Se ignoriamo il sogno che ci arriva per ispirazione divina, perderemo l'occasione di fare qualcosa di buono per noi o per qualcun altro, se a un sogno che non è stato ispirato da Dio reagiamo con la preghiera non faremo nulla di male: la preghiera che pronunceremo sarà comunque una cosa buona.

12. Perché non ci provate anche voi?

Questo è stato il mio incipit, e con questo stesso interrogativo desidero chiudere.

La vita è un dono incredibile, soprattutto se abbiamo a disposizione i doni dello Spirito Santo. I doni dello Spirito fanno la differenza tra i cristiani e i non cristiani. Molti non credenti hanno un cuore migliore e sono persone migliori rispetto a tanti cristiani, ma i cristiani con l'aiuto dello Spirito possono compiere opere buone che altrimenti non sarebbero realizzabili. Quando qualcuno si trova in una situazione senza via d'uscita ossia in una situazione in cui solo Dio può aiutarlo, per lui non è tanto importante se l'uomo che offre aiuto è buono; ciò che davvero gli interessa è che lo possa realmente aiutare. Purtroppo, molti cristiani incontrano persone simili nella vita e non sono capaci di aiutarle solamente perché non sono stati pronti a farsi da parte e lasciare spazio allo Spirito Santo, non si sono fatti guidare dai doni dello Spirito che hanno ricevuto con la cresima. Spesso ciò accade solo perché nessuno ha tentato di guidarli in modo corretto.

Spetta a noi decidere se vogliamo accettare la sfida e aiutare coloro che Dio ci pone innanzi dandoci i doni dello Spirito, o se piuttosto preferiamo farci gli affari nostri. Io ho accettato la sfida e sinora ho sperimentato molte più cose buone di quelle che un tempo non avrei nemmeno osato immaginare. Perché non ci provate anche voi?

www.ingramcontent.com/pod-product-compliance
Lightning Source LLC
Chambersburg PA
CBHW071325140726
47996CB00005B/1825